ro
ro
ro

Zu diesem Buch

Schon Kindergartenkinder haben fast alle einen eigenen Kassettenrecorder, Hörkassetten sind ein beliebtes Mitbringsel, werden in der Bibliothek ausgeliehen oder vom eigenen Taschengeld gekauft.

Eltern, die den zunehmenden Medienkonsum kritisch sehen, möchten bei der Auswahl zumindest mitbestimmen. Erzieherinnen und Lehrer suchen nach Hinweisen beim Aufbau einer Audiothek in Kindergarten oder Schule. Allerdings fehlen meistens Überblick und Zeit, um eine Auswahl aus dem unübersehbaren Angebot treffen zu können.

Die Autoren entwickeln leicht nachvollziehbare Kriterien, mit denen sich anspruchsvolle und für die Kinder interessante und unterhaltsame Produktionen aus dem schier unübersehbaren Angebot auswählen lassen. Die Lieder und Hörspiele werden kurz inhaltlich vorgestellt, bewertet und verschiedenen Themenbereichen zugeordnet.

In «Hörclubs» lernen Kinder (wieder) den Spaß am Zuhören. Angeleitet von interessierten Eltern und Grundschullehrern wird gezeigt, wie man auch selber Töne und Geräusche produzieren und einsetzen kann. Mitarbeiter des «Hessischen Rundfunks» (hr) stellen die Modellprojekte vor, berichten über die ersten Erfahrungen und den «Zuhören e. V.», der die Fähigkeit und Bereitschaft zum Zuhören in der Gesellschaft fördern will.

Hinweise zu den Autorinnen und Autoren auf S. 186

Anregungen und Kritik bitte an folgende Adresse: Büro für wissenschaftliche Publizistik Dr. Horst Speichert, Teutonenstr. 32 b, 65187 Wiesbaden. Hier erhalten Sie auch gegen Voreinsendung eines frankierten DIN-C6-Umschlags einen Prospekt der Reihe «Mit Kindern leben».

Jan-Uwe Rogge / Regine Rogge

Zuhören macht Spaß

Die besten Kassetten und CDs, Hörclubs für Kids, Tips zum Selbermachen

Empfohlen von der Stiftung «Zuhören» e.V.
In Zusammenarbeit mit dem Hessischen Rundfunk

Mit Beiträgen von Volker Bernius, Renate Ehlers,
Mareile Gilles, Jan-Uwe und Regine Rogge

Rowohlt Taschenbuch Verlag

Herausgegeben von Bernhard Schön und Horst Speichert

Redaktion Bernhard Schön

rororo Mit Kindern leben

und

die Deutsche Liga
für das Kind

Partnerschaft für Eltern, Kinder und Familie

Originalausgabe
Veröffentlicht im Rowohlt Taschenbuch Verlag GmbH,
Reinbek bei Hamburg, Dezember 1999
Copyright © 1999 by Rowohlt Taschenbuch Verlag GmbH,
Reinbek bei Hamburg
Umschlaggestaltung Büro Hamburg, Susanne Reizlein
(Foto: The Image Bank)
Alle Rechte vorbehalten
Satz Candida PostScript, QuarkXPress 4.0
Gesamtherstellung Clausen & Bosse, Leck
Printed in Germany
ISBN 3 499 1 60830 8

Inhalt

Kapitel 1

Hörkassetten und ihre Bedeutung für Kinder   7

21   Hinweise zum Kauf von Hörkassetten

Kapitel 2

Eine Auswahl empfehlenswerter Hörkassetten   40

42   Märchen und

phantastische Geschichten

53   Kinderliteratur und Geschichten für Kinder

86   Abenteuer, Krimis und Science-fiction

92   Kinderlieder und Gedichte

96 Klassische Musik

und Geschichten mit Musik

108 Empfehlenswerte

weitere Dauerseller

125 hr2 Hörbuch-Bestenliste

Kapitel 3

Tips zum Selbermachen   144

155 Die eigene Hörspielproduktion

Kapitel 4

«Was hören wir denn heute?»/
Hörclubs an Grundschulen
(Volker Bernius, Renate Ehlers, Mareile Gilles)   162

170 Zuhören als Einladung zur Konzentration
179 Verein Zuhören e. V.

Anhang   181

181 Radio für Kinder
184 Verzeichnis der Musikverlage
185 Literatur
186 Autorinnen und Autoren
187 Autorenregister

Kapitel I Hörkassetten und ihre Bedeutung für Kinder

Ann-Christine, 4 Jahre: «Meinen Kassettenrecorder habe ich zum Geburtstag bekommen. Aber der war schnell kaputt, weil Benjamin, mein kleiner Bruder, damit blöd rumgespielt hat. Dann hab ich zu Weihnachten einen neuen bekommen, da geh ich nun vorsichtiger mit um. Ich hab noch nicht so viel Kassetten, drei oder vier, eine Märchenkassette und dann eine von Pippi Langstrumpf. Die hör ich am allerliebsten. Jeden Tag. Und dann auch ein paarmal hintereinander. Pippi macht so viel Streiche und so komische Sachen. Da muß ich lachen. Ich hör meistens allein, mein Bruder, wenn der dabei ist, der nervt immer so rum. Drückt auf die Knöpfe und so. Der nervt. Oder der fragt immer: ‹Was ist das?› Dann ist das gar nicht mehr schön mit der Pippi-Kassette.»

Sebastian, 6 Jahre: «Also, ich hab nur ein paar Kassetten. Von He-Man, der mit dem Zauberschwert, den find ich toll. Aber noch besser ist Skeletor, der He-Man immer besiegen will. Vor dem hab ich ein bißchen Angst. Aber nur ein bißchen. Der ist so richtig böse. So bin ich auch manchmal, nicht ganz so böse, aber ein bißchen böse. Und dann hab ich noch zwei Kassetten von TKKG, aber die hör ich jetzt nicht mehr so gerne. Vor allem, die Gaby, die auf der Kassette, die regt mich jetzt tierisch auf. Die ist so furchtbar blöd.

Manuela, 8 Jahre: «Bibi Blocksberg, die find ich einfach Spitze. Und irgendwie ist das auch noch spannend, ja, das ist richtig spannend. Dann kann alles drum herum passieren, wenn ich das hör, dann merk ich nichts. Manchmal hör ich auch nur einige Stellen, vor allem die witzigen. Immer und immer wieder. Die kann ich schon richtig auswendig. Die sprech ich dann auch mal mit, die Stellen. Und manchmal sprech ich die auch, wenn die Kassette gar nicht läuft. Dann ist Mama ganz schön genervt. Sagt sie jedenfalls. Mir gefällt die Kassette aber. Ich glaub, das ist ja auch nichts für Erwachsene, das ist was für Kinder. Am liebsten hör ich Kassetten, wenn ich im Bett liege, so gekuschelt, das ist gemütlich. Reden tu ich eigentlich nicht über die Kassetten. Das ist doch alles klar, was da passiert. Man muß die nur oft genug hören. Nur mit meiner Freundin red ich manchmal drüber, aber auch nicht richtig. Ich sag dann nur, ‹Bibi, weißt du noch, wie das war in Amerika? Du weißt schon.› Dann guck ich sie an, und irgendwie weiß sie, was ich gerade gemeint hab. Dann können wir richtig lachen. Und die anderen wissen nicht, warum wir lachen.»

Robert, 6 Jahre: «Meine liebsten Kassetten sind Krimikassetten. Das ist spannend, spannender als im Fernsehen, weil man ja nichts sieht, nur was hört. Und dann stell ich mir das vor. Manchmal stell ich mir das richtig gruselig vor. Da kann ich mir das so gruselig machen, wie ich will. Und wenn's dann zu gruselig wird, dann stell ich auch schon mal aus. Das mit dem Gruseligsein, das ist toll. Ich sitz dann in der Ecke in meinem Zimmer und träume davon, wie das wär, wenn ich auf der Kassette wär, was ich da machen würd, wenn ich in Gefahr wär. Ich hör meistens Krimikassetten, wenn mir langweilig ist. Aber auch einfach nur so, wenn ich Lust dazu hab.»

Jessica, 8 Jahre: «Meine Lieblingskassette ist die ‹Kaninchen-insel›. Zuerst hatte ich das Buch. Die Kassette ist so schön traurig. Mir kommen dann die Tränen, wenn ich die hör. Ich kann dann so richtig weinen. Aber ich find, es ist auch irgendwie schön, wenn ich so traurig bin. Und wenn ich mal nicht in Form bin, dann leg ich die Kassette ein, und dann werd ich traurig. Und dann werde ich auch so ruhig im Bauch. Irgendwie so richtig ruhig. Aber ich mag auch lustige Kassetten. Die von ‹Pico und Columbus› und so. Da kann ich richtig ablachen. Total witzig finde ich das.»

Pamela, 9 Jahre: «Also, ich mag ‹Tranquila Trampeltreu›. Weil ich auch so bin, so langsam, sagt Papa jedenfalls. Der nennt mich ‹Trampelchen›. Aber das ärgert mich nicht. Ich find das gut mit dem Trampelchen. Wenn man sich Zeit läßt, hat man mehr davon. Das find ich gut. Wenn Papa ein Trampelchen wär, wär er auch ruhiger. Der ist so hektisch. Jetzt hab ich die Kassette, der Titel fällt mir nicht ein, jetzt hab ich die Kassette gehört von so einem Prinzen, der hatte so einen fürchterlichen Vater, der Prinz sollte Waffen haben, aber er wollte singen. Der Vater war ganz böse. Und dann ist er abgehauen. Das hab ich gehört. Und erst mochte ich das gar nicht, das war so ganz anders. So komische Töne und so komische Musik. Aber da waren dann auch die Wuslinge. Die haben so komische Töne von sich gegeben. Die klangen so witzig. Und jetzt gefällt mir das ganz gut. Ich hör die Kassette mit meiner Freundin zusammen. Die fand das zuerst auch komisch. Aber jetzt ist es unsere Lieblingskassette.»

Steffen, 7 Jahre: «Ich hör alles. Ich hab keine Lieblingskassette. Ich hör eben alles. Meistens, wenn ich allein bin und keiner da ist. Dann hör ich das, dann bin ich nicht so allein. Ich bin schon ganz häufig allein. Allein im Haus, meine ich. Das ist nicht schön. Aber meine Eltern sagen, das ist nicht zu ändern. Meistens hör ich die Kassetten beim Frühstück. Dann schmeckt mir alles besser.»

Sarah, 6 Jahre: «Ich mag die Kassetten über Komponisten am liebsten, die über Beethoven. Der mußte auch immer üben und üben. Ich muß das auch. Obwohl ich dazu keine Lust habe. Aber Mama sagt immer, wenn man nicht übt, dann ärgert man sich später. Also, ich weiß nicht. Ich will doch gar kein Komponist werden, sondern lieber Tierärztin. Aber gut. Dann üb ich eben.»

Hubert, 6 Jahre: «Ich hab keine Lust zum Lesen. Das ist langweilig. Alle sagen, ich soll lesen, aber ich tu das nicht. Ich hör lieber 'ne Kassette. Von Erich Kästner hab ich grad was gehört. War echt toll. Und dann noch so ein paar Romane, die es jetzt auf Kassette gibt. Aber daran kann ich mich nicht erinnern. Aber die waren auch gut. Ich lieg dann im Bett und stell mir das alles vor, was da gelesen wird. Irgendwie kann ich besser träumen, wenn ich das höre, als wenn ich das lese. Aber meine Eltern glauben das nicht. Die meinen, ich wär nur zu faul zum Lesen.»

Die Zitate stammen aus zwei Befragungen (1994/95, 1998/99) von etwa 650 Kindern im Alter zwischen vier und elf Jahren zum Umgang mit Hörmedien. Die Auswertungen machen einige Aspekte der Faszination und des Gebrauchs von Hörkassetten deutlich:

- Hör-Medien, insbesondere die Kassetten, nehmen im Alltag von Heranwachsenden einen nicht zu unterschätzenden Stellenwert ein.
- Die Vorlieben der Kinder unterscheiden sich häufig von denen der Erwachsenen. Kinder haben Besonderheiten in der Wahrnehmung, die dem Hören eine herausgehobene Funktion unter den Sinnestätigkeiten zuweisen.
- Hören ist für Kinder vor allem ein emotionales Erlebnis. Die Kassetten faszinieren, weil sie aus der Sicht der Kinder vielfältig nutzbar sind.
- Hörkassetten als Medien des Rückzugs können für einige Kinder soziale und gefühlsmäßige Isolation mit sich bringen. Dies scheint weniger durch das Medium als vielmehr durch die emotionale Leere, die sich aus der Nah- und Umwelt eines Kindes ergibt, bedingt zu sein.
- Es gibt geschlechtsgebundene Unterschiede bei den Vorlieben der Kinder. Während Jungen mehr auf Action und Abenteuer «abfahren», bevorzugen Mädchen Märchen und Geschichten, in deren Mittelpunkt die innere Entwicklung einer Protagonistin steht.
- Bei den acht- bis neunjährigen Kindern verändert sich die Bedeutung, die sie den Hörmedien zuweisen. Das Kinderhörspiel tritt allmählich in den Hintergrund, während die Musikproduktionen von «Teenie»-Gruppen (z. B. Backstreet Boys, Spice Girls, Kelly Family) einen überragenden Stellenwert gewinnen. Diese Gewichtsverlagerung zeigt sich erst seit den 90er Jahren, obwohl Studien zur Kinderkultur auf eine solche Entwicklung bereits vor mehr als 15 Jahren hingewiesen hatten.
- Hörspiele werden vor allem zwischen dem 5. und dem 7. Lebensjahr genutzt. In diesem Alter können Kinder meistens eine Lieblingsfigur aus Hörspielen nennen. Dabei ist die Faszination, die der Held bzw. die Heldin ausübt, auf einige Wochen oder Monate begrenzt. Kinder identifizieren sich also

mit mehreren Heldenfiguren nach-, manche auch nebeneinander. Sie sind immer nur so lange wichtig, bis sich die Kinder
von ihnen und den damit einhergehenden Bedeutungen
emanzipiert haben.

▸ Die Zielgruppen für die Hörkassetten werden jünger. In den
80er Jahren konnte man noch als Untergrenze Vier- bis Fünf-
jährige und als Hauptansprechpartner der Produktionen die
Sechs- bis Neunjährigen nennen. Ein Teil der Hörkassetten,
der Mitte der 90er Jahre produziert wurde (z. B. Lieder, Märchen und phantastische Geschichten), sprechen gezielt die
Drei- bis Vierjährigen an.

▸ Standen bis in die 90er Jahre hinein noch Hörkassetten von
TV- und Action-Serien in der Gunst der Heranwachsenden
obenan, so werden diese jetzt nur noch am Rande erwähnt.
Zwar besteht nach wie vor eine Tendenz zu den «Funnies»,
aber die anspruchsvoll produzierte Kassette gewinnt an Bedeutung.

▸ Wie schon Jahre zuvor können Kinder und Jugendliche auch
Ende der 90er Jahre spezifische Eigenschaften und Vorteile
der Hörkassette benennen. Ungeachtet aller Grabesreden,
die man angesichts des ständig wachsenden Medienangebo-
tes schon vor Jahren hielt: Die Hörkassette hat einen festen
Platz im Medienalltag von Kindern. Und auch bei Erwachsenen scheinen Hörbücher einen beachtlichen Marktanteil zu
erobern – das zeigen die ständig steigenden Umsatzzahlen
der Anbieter.

Hörkassetten im Alltag

Während 60 Prozent der Sechs- bis Dreizehnjährigen täglich
vom Fernsehen erreicht werden, sind es beim Hörfunk und den
Hörkassetten jeweils 46 Prozent. Etwa 25 Minuten hört ein
statistisches Durchschnittskind pro Tag seine Kassetten. Der

Schwerpunkt der Kassettennutzung liegt zwischen 12.30 Uhr und 21.00 Uhr. Während sich das Radio aus der Sicht der Heranwachsenden als Medium darstellt, das für Musik und Entspannung steht, dominiert bei jüngeren Kindern – die Hörkassette betreffend – das Hörspiel bzw. jene Kassetten, die der Unterhaltung und der Ablenkung dienen. Erst mit zunehmendem Alter – etwa vom neunten Lebensjahr an – gewinnt auch bei den Kassetten die Popmusik die Oberhand.

Kinder treten schon früh mit Kassettenrecordern in Kontakt, etwa 70 Prozent der Vierjährigen besitzen ein entsprechendes Gerät. Die Versorgung mit der Hardware setzt etwa mit dem dritten Lebensjahr ein. Die Eltern kaufen den Kindern die Recorder, und insbesondere die Mütter kaufen ihren Kindern entsprechende Kassetten. Hörkassetten sind kleine, meist billige und leicht zu erwerbende Geschenke; sie dienen manchmal auch der «Bestechung», mit der man meint, fehlende Zeit und Zuwendung für ein Kind kompensieren zu können.

Obwohl immer mehr Büchereien eine Sammlung und Auswahl anspruchsvoller Kassetten besitzen, kommt der Ausleihe eine eher nachrangige Bedeutung zu. Kinder weisen dem ständigen Besitz von Lieblingskassetten eine hohe Bedeutung zu. Es besteht ganz offensichtlich eine gefühlsmäßige Beziehung zwischen dem Thema einer Hörkassette und dem inneren Thema eines Kindes. Diese Beziehung gründet auf Verläßlichkeit, Wiederholung und damit einhergehende ständige Verfügbarkeit, die bei ausgeliehenen Kassetten nicht gewährleistet ist.

Die Bekanntheit einer Hörkassette ist zweifellos geprägt durch die Einbindung in multimediale und kommerzielle Zusammenhänge. Je mehr eine Hörkassette direkt oder indirekt (z. B. durch eine Weiterverwertung in Form von Zusatzartikeln, etwa als T-Shirt-Aufdruck, Bilderbuch, Spielfiguren) bekannt wird, um so nachhaltiger und prägender ist das Bild bei den Kindern. Beliebte Fernsehserien, die als Kassetten «ausgeschlachtet» werden, nicht selten einfach «Filme ohne Bilder» sind, stehen in der Gunst der Kinder obenan. Es sind die «Funnies» (von «Bibi Blocksberg» oder «TKKG» bis hin zu «Benjamin Blümchen») und eine Auswahl Grimmscher Märchen, die häufig genannt werden. Da Action-Serien nicht mehr so beliebt sind, wäre es zu einfach, führte man den Erfolg einer Hörkassette ausschließlich auf Effekte des Medienverbundes zurück. Denn überblickt man die thematischen und dramaturgischen Strukturen jener Hörkassetten, die in der Kindergunst ganz oben rangieren, dann fallen Gesichtspunkte auf, die insbesondere die Gestaltung der Helden bzw. Heldinnen sowie der Handlung betreffen:

► Es gibt eine geradlinige Handlung, die von Action und Betriebsamkeit geprägt ist. Auf der Kassette ist ständig etwas los. Die Handlung läuft auf ein Happy-End hinaus, das sich häufig als Rettung in letzter Minute erweist.

► Die Hauptfiguren sind durch ihre überzogenen Stimmen schnell identifizierbar, durch den Klang der Stimme sind sie als «böse» oder «gut» zuzuordnen. Solche Klischees finden sich auch in den Rollen wieder (z. B. starker Tarzan und schwache Gaby in «TKKG»).

► Die Helden bzw. Heldinnen sind meistens stark und allmächtig. Nachdenklichkeit und Reflexion sind ihnen fremd. Manche biedern sich bei den zuhörenden Kindern geradezu an, gehen mit ihnen einen Pakt gegen den Erwachsenen ein. Heldinnen wie Pippi Langstrumpf, die für Freiheit und Unbekümmertheit, für List und Witz, für Mut und Phantasie stehen, gibt es fast nur auf anspruchsvollen Produktionen.

► Die «Funnies», die in der Beliebtheitsskala weit oben rangieren, verbinden Spannung mit Spaß und Komik und sorgen mit diesem Gemenge für eine leicht verdauliche Unterhaltung, die niemandem weh tut.

Lieblingskassetten arbeiten mit kindlichen Wünschen und Phantasien, sie besetzen ganz offenbar jene gefühlsmäßige

Leere, die viele Kinder im Alltag erleben. Was macht aber den Reiz der zugkräftigen Billigstproduktionen aus? Lassen sich solche erfolgreichen Elemente in anspruchsvolle Produktionen übertragen, oder sind sie in einigen gar schon vorhanden? Diese Frage wird uns in den nächsten Abschnitten beschäftigen.

Hören als Erlebnis

Hören ist eine wichtige Erfahrung in einer Welt, in der das Auge dominiert. Hören stellt einen bedeutsamen Teil in der sinnlichen und der realen Erfahrung von Kindern dar. Insbesondere Jüngere messen dem Hören einen hohen Stellenwert zu. Da der Seh-Sinn bei ihnen noch nicht so ausgeprägt ist, dominieren der Geruchs-, Tast- und Hör-Sinn, Sinne, die eine ganzheitliche Erfahrung zulassen. In dem Buch «Kinder können fernsehen» (rororo Nr. 60753) haben wir gezeigt, wie Kinder Fernsehen «hören», soll heißen: Jüngere Kinder werden auch bei Fernsehsendungen weniger von visuellen Aspekten als von Hör-Elementen fasziniert. Die Jüngeren wiesen in unseren Befragungen jenen Medien einen besonderen Stellenwert zu, die situativ ganzheitlich erfaßt werden können. Kinder hören nicht allein über das Ohr, die Eindrücke werden auch mit «Haut und Haar» wahrgenommen. Deshalb hat das Hören für Heranwachsende eine so starke emotionale Bedeutung, deshalb ist auch die Verantwortung bei den Hörkassetten-Produzenten sehr groß. Hören kann hörig machen, kann so zupackend sein, daß Distanzierung und Loslösung schwierig werden.

Erst im Alter von ca. zehn Jahren können Kinder die Handlung in einer zeitlichen Reihenfolge wiedergeben, sind sie kompetent zu interpretieren, läßt es ihr Abstraktionsvermögen zu, Bezüge zwischen verschiedenen Szenen herzustellen. Wenn Drei- bis Sechsjährige ausschließlich unverbundene Details bei ihren Erzählungen wiedergeben, dann bedeutet dies nicht, daß sie die Handlung nicht verstanden hätten. Jüngere Kinder haben eine perspektivische Wahrnehmung, d. h., sie nehmen jene Teile einer Handlung wahr, die für sie bedeutsam und wichtig sind. Solche Teile werden dann immer aufs neue gehört. Und dies kann Eltern anzeigen, welche inneren Themen beim Kind gerade von besonderer Bedeutung sind. Vom Beginn des Grundschulalters an kann man eine zeitliche Abfolge der Darstellung von Handlungssegmenten beobachten, aber noch immer hängt die Auswahl der Teile von subjektiven Erlebnissen und Bedürfnissen ab. Generell ist die Wahrnehmung von Hörspielen assoziativ.

Hier wird deutlich: Kinder haben andere Erwartungen an Kassetten als Erwachsene, es sind vor allem gefühlsmäßig erlebbare Aspekte sowie Gesichtspunkte einer kulturellen Eigenständigkeit und Abgrenzung, die den Reiz einer Hörkassette ausmachen.

Da ist zum einen die räumliche und zeitliche Verfügbarkeit. Hörkassetten lassen Möglichkeiten des sozialen Rückzugs zu einem selbstgewählten Zeitpunkt zu. Zum anderen sind es spezifische Situationen, die den Umgang mit Kassetten attraktiv machen. Die gemeinsame Nutzung im Freundeskreis stiftet Gesprächsanlässe, gewährleistet den Austausch von Erfahrungen und die Versicherung, den gleichen Geschmack zu haben. Die individuelle Nutzung vertreibt Langeweile (z. B. während der Schularbeiten), schafft Stimmungen (z. B. während des Lesens) oder dient dazu, «schlechte» Gefühle zu überbrücken bzw. zu kompensieren.

Was und wie ein Kind Kassetten nutzt, hängt neben den räumlichen, zeitlichen und situativen Rahmenbedingungen auch von den Medienerfahrungen und der psychosozialen Lage des Kindes ab.

Spannende Kassetten – seien es nun Abenteuer oder Märchen, Gespenster- oder Seefahrererzählungen – werden nicht nur gehört, sie werden erlebt: Man zittert um den Helden, wenn er sich in Gefahr befindet, und weiß gleichzeitig um das Happy-End. Spannung bedeutet Nervenkitzel, Spannung ist stets mit Entspannung verbunden. Spannungszustände werden aber nicht bloß über die Inhalte, sondern auch über die Verwendung von Geräuschen und den Einsatz von Musik erzeugt.

Wie jedes Medium – egal, ob Buch, Video, Computer oder Fernsehen – kann auch die Hörkassette für einzelne Kinder dann zum Problem werden, wenn mit der intensiven Nutzung soziale Isolation und Ersatz für Kommunikation einhergehen, wenn mit dem Hören Realitätsverlust verbunden ist. In Veröffentlichungen werden einmal 45 Minuten, dann wieder 60 Minuten täglich als zeitliches Kriterium für das Vielhören genannt. Solche Zahlen sind relativ willkürlich gesetzt. Und auch das Allein-Hören oder der Verzicht der Kinder, sich über Kassettenerlebnisse mit Erwachsenen auszutauschen, muß kein Anzeichen für soziale Vereinsamung oder Fluchtverhalten sein.

Vielhören als Problem kann ausschließlich qualitativ bestimmt werden. Als Faustregel gilt: Wenn sich ein Kind in einer bestimmten Entwicklungsphase mehrmals täglich 15 Minuten mit seiner Lieblingskassette zurückzieht, dieses Kind aber über viele Freizeitaktivitäten, Freunde, Möglichkeiten des Austauschs verfügt, dann hört dieses Kind zwar viel, aber dieses «Viel» ist kein «Zuviel». Das Kind bestimmt in diesem Fall sein inneres Thema selbst und erarbeitet es, eingebunden in einem Ritual.

Wenn ein Kind jedoch regelmäßig für kurze Zeit vor den Kassettenrecorder flieht, sei es aus Langeweile, Gesprächsarmut, gefühlsmäßiger Leere, dann kann diese *Flucht* vor den Apparat ein Hilferuf sein, mit dem das Kind auf seine unbefriedigende Lage aufmerksam machen will.

Aus diesen Anmerkungen lassen sich sechs Prinzipien zum Umgang mit Hörkassetten ableiten:

1. Motive

Machen Sie sich bewußt, aus welchen Motiven Ihre Kinder Kassetten hören. Dabei sollten Sie zwischen überdauernden und momentanen Bedürfnissen unterscheiden lernen. Es gibt aktuelle Situationen im Alltag eines Kindes, in denen Kassetten Prioritäten haben: bei schlechtem Wetter, beim Wunsch nach Alleinsein, wenn Kinder traurig sind, wenn sie Probleme haben. Ein Kind, das viel hört, kann durch sein Verhalten aber auch darauf hinweisen, daß ihm Freizeitalternativen fehlen, daß es sich einem kritischen Lebensereignis gegenübersieht. «Zuviel hören» – das Maß ist schwer zu bestimmen. Achten Sie darauf, ob die Kassette zum Ersatz für fehlende Kommunikationspartner wird oder ob das Kind die Freiheit hat, sich selbständig von der Kassette zu lösen und anderen Interessen nachzugehen. Hörkassetten sind wichtige, aber nur ergänzende Freizeitaktivitäten. Das Bedürfnis der Kinder nach Hörkassetten wird um so geringer, je intensiver alternative Freizeitangebote genutzt werden können. Und wenn es dann Tage gibt, an denen viel gehört wird, so ist das kein Anlaß zur Beunruhigung.

2. Auswahl

Kinder sollten an der Auswahl von Kassetten beteiligt werden. Eine Auswahl, die sich gegen das Kind richtet, führt über kurz oder lang zu Machtkämpfen. Handeln Sie aus, welche und wie viele Produkte Ihre Kinder sich aussuchen und hören dürfen. An diese Abmachungen müssen Sie sich genauso halten wie Ihre Kinder. Qualitätsstandards entwickeln Kinder nur durch unmittelbare Erfahrung. Ermöglichen Sie Ihren Kindern deshalb auch deren Lieblingskassetten, selbst dann, wenn diese Ihren Standards widersprechen. Halten Sie sich jedoch in Ihrer Meinung über entsprechende Billigprodukte nicht zurück, formulieren Sie Ihre Kritik allerdings in Ich-Botschaften.

3. Gespräche

Gespräche über Kassetten müssen auf Drohungen, Moralisieren, Ausfragen oder Nicht-Ernstnehmen des Kindes verzichten. Sie sollten grundsätzlich nur in Ich-Botschaften («Ich mag nicht ...») reden. Durch Verallgemeinerungen («So etwas hört man nicht ...») oder Belehrungen («Was du da hörst, ist ein glatter Schrott!» – «Die Turtles sind der größte Blödsinn!») fühlen Kinder sich abgewertet und unverstanden. Gerade solche Mißverständnisse führen nicht selten zu Rache- und Vergeltungsphantasien, und der Wunsch nach entsprechenden Billigprodukten wird größer.

4. Verbot und Druckmittel

Es hilft in der Regel wenig, bestimmte Kassetten zu verbieten. Das führt ebenfalls zu Machtkämpfen zwischen Eltern und Kindern. Und die Kinder fühlen sich moralisch im Recht, diese Hörkassetten z. B. «heimlich» bei Freunden oder Großeltern zu hören. Kassetten sind weder eine Belohnung noch eine Strafe, und sie sind auch kein Babysitter. Falls es doch einmal dazu kommt, ist das eine Ausnahme, die die Eltern ihren Kindern erklären und begründen sollten. Nur so können sie möglichen späteren Erpressungsversuchen vorbeugen.

5. Gemeinsamkeit und Verarbeitung

Viele Kinder wollen alleine hören. Als Partner wünschen sie sich – wenn überhaupt – gleichaltrige oder andere Freunde, weil diese sich besser einfühlen können als Erwachsene. Eltern werden dagegen als Aufpasser erlebt. Kinder hören anders als Erwachsene. Sie gehen anders mit den Kassetten um: Sie versuchen beispielsweise, das Gehörte durch Mimik und Gestik zu verarbeiten. Solche Verarbeitungsformen dürfen Sie – wenn irgend möglich – nicht unterbinden. Häufig machen Eltern zudem den Fehler, ihre Kinder zum Stillsitzen und zur Ruhe während des Hörens anzuhalten. Kinder brauchen aber die

Dynamik, um Gefühle und Spannungen abzubauen. Ein beliebtes Mittel der Verarbeitung ist die ständige Wiederholung. Durch ständige Wiederholungen können sich Kinder besser in Handlung und Dramaturgie einfühlen, können sie Unbegriffenes für sich begreifbar werden lassen. Wer Wiederholungen unterbindet, nimmt Kindern ein selbstbestimmtes Mittel zur Verarbeitung.

6. Nachbereitung

Es gibt kein einflußloses Medium. Auch eine Hörkassette wirkt vor allem auf der emotionalen Ebene. Die Dauer der Nachbereitung hängt vom jeweiligen Kind ab. Die Art der Nachbereitung ist aber auch abhängig davon, wie stark eine Kassette ein Kind emotional berührt. Vermeiden Sie es auf jeden Fall, Kinder aus- und abzufragen, wenn sie gerade eine Kassette gehört haben. Warten Sie, bis Ihr Kind von sich aus das Gespräch anbietet, hören Sie gut zu, und halten Sie dann mit Ihrer Anteilnahme und Meinung nicht hinter dem Berg. Versuchen Sie, Widersprüche, die zwischen Ihnen und den Kindern bestehen, nicht zu verdecken, sondern im Dialog offen zu diskutieren und auszuhandeln. Dadurch wird allen Beteiligten deutlich, daß die Erziehung zu einem bewußten Umgang mit Hörkassetten ein gegenseitiger und gemeinsamer Lernprozeß ist.

Hinweise zum Kauf von Hörkassetten

Mit Hilfe der nachfolgenden Kriterien können Sie sich einen ersten Einblick in den schier unüberschaubaren Markt der Hörkassetten verschaffen, und Sie finden Hinweise für die Auswahl bzw. Tips für den Kauf:

1. Nehmen Sie sich bei der Auswahl Zeit. Beachten Sie: Sie wählen eine Hörkassette für Ihr Kind aus bzw. für *ein* Kind, das Sie kennen. Was für ein Kind hervorragend paßt, kann für ein zweites möglicherweise unpassend sein. Wenn Sie unsicher sind, holen Sie sich Rat, oder hören Sie die Kassette zunächst selbst. Gedankenlos gekaufte Kassetten bedeuten auch Gedankenlosigkeit gegenüber dem Kind.

2. Beteiligen Sie Ihr Kind an der Auswahl. Qualität erfahren Kinder durch Vergleiche – auch mit anspruchslosen Billigprodukten. Wer Kindern ständig seine Qualitätsstandards vorsetzt, wird schnell zum Besserwisser und riskiert Machtkämpfe.

3. Achten Sie beim Thema einer Hörkassette darauf, ob sie dem Entwicklungsstand Ihres Kindes angemessen ist. Bedenken Sie: Kassetten werden vom Kind gefühlsmäßig erlebt. Das Kriterium, ob ein Kind eine Handlung verstehen kann, muß ergänzt werden durch die Überlegung, ob es die Dramaturgie gefühlsmäßig aushalten und verarbeiten kann.

4. Kinder wünschen andere Themen als Eltern. Wer Themen orientiert an seinen eigenen Bedürfnissen und Wünschen auswählt, greift häufig daneben. Gerade jüngere Kinder haben ein starkes Bedürfnis nach Themen, die mit existentiellen Gefühlen (Aggression, Angst, Kampf, Autonomie) zu tun

haben. Das Thema einer Hörkassette orientiert sich deshalb an den inneren Themen des Kindes. Solche Hörkassetten faszinieren besonders.

5. Kinder wünschen Helden, die Abenteuer erleben, die sich entwickeln. Häufig begeistern nicht die sauberen Helden, sondern jene, die sich durch Phantasie und List, durch Kraft und Draufgängertum auszeichnen. Manchmal stellen Kinder gerade zu den bösen, den schrecklichen Helden eine intensive Beziehung her. Solche Vorlieben geben den Eltern Hinweise, wo ihre Kinder gefühlsmäßig stehen, was sie beschäftigt.

6. Die starken Gefühle beim Hören von Kassetten werden von Kindern gleichermaßen genossen und eingefordert. Aber gefühlsmäßiges Erleben kann auch mit Überforderung einhergehen. Inszenierungen nach dem Prinzip der «Rettung in letzter Minute» ziehen Kinder stark in ihren Bann, lassen ihnen nur geringe Möglichkeiten zur Distanzierung. Die «Wellendramaturgie» orientiert sich dagegen angemessener am gefühlsmäßigen Entwicklungsstand.

7. Die emotionale Wirkung der Hörkassetten ist vor allem auf die Hörelemente zurückzuführen. Achten Sie nicht ausschließlich darauf, ob das *Thema* für Ihr Kind angemessen ist, hören Sie auf *Geräusche, Musik* und *Sprache*. Wenn Hörelemente nur die Funktion haben, von der Armseligkeit einer Handlung abzulenken, die Allgegenwart und Stärke eines Helden aufzubauen, dann verzichten Sie auf den Kauf. Spielen Aktionen ausschließlich vor dem Mikrophon, wird jede Bewegung und jede Veränderung angesagt, hören Sie nur «Nahes», dann ist die Kassette nicht geeignet. Geräusche und Musik haben eine eigenständige Funktion, sie müssen so gestaltet sein, daß sie dem Entwicklungsstand Ihres Kindes entsprechen. Der Gestaltungsreichtum der Geräusche, Musik, Hall und Blende geben vielversprechende Hinweise auf eine anspruchsvolle Produktion.

Hinweise ...

8. Schließlich: Die Verantwortung für den Kauf einer Hörkassette tragen Sie, Fachleute können sich in der Beurteilung irren. Und auch Besprechungen in Zeitungen und Zeitschriften setzen, was die Altersangemessenheit anbetrifft, ein statistisches Durchschnittskind voraus. Sie entscheiden aber für Ihr Kind. Deshalb stellen Altersangaben – auch in diesem Buch – nur Näherungswerte dar.

Was ist eine «gute» Kassette?

Über Geschmack läßt sich bekanntlich nicht streiten – oder eben doch, mit meist fruchtlosem Ausgang der Debatte. Was für den einen eine unwichtige, schlecht gemachte Kassette ist, kann für den anderen der Inbegriff von Qualität sein. Noch komplizierter wird es bei den häufig sehr unterschiedlichen Ansprüchen und Bewertungskriterien von Erwachsenen und Kindern. Und wenn Eltern oder Erzieher ihre vermeintlich «gute» Auswahl gegen den «schlechten» Geschmack der Kinder ausspielen, dann entsteht in kürzester Zeit «Beziehungsstreß», soll heißen: Aus der Diskussion um eine Sache werden Besserwisserei («Du hast keine Ahnung!») und Machtkampf («Wir wollen doch mal sehen, wer hier zu bestimmen hat!»). Schwierigkeiten, Hörkassetten für Kinder angemessen zu bewerten, haben auch Profi-Kritiker, die regelmäßig in Zeitungen und Zeitschriften Kassetten vorstellen und kritisch beurteilen.

Viele Besprechungen konzentrieren sich allzu häufig ausschließlich auf das Thema, den Inhalt einer Handlung, bewerten Kassetten vorschnell unter einer «Was kann (m)ein Kind davon lernen»-Perspektive. Dabei wird vergessen: Kinder haben ein Recht auf eine sinnliche, anspruchsvolle, (vor allem) mediengerecht hergestellte Unterhaltung. Wer in seinen Beurteilungskriterien Ansprüche der Kinder mißachtet, erntet zu Recht Widerspruch. Kinder empfinden entsprechende elterliche Vorschläge als eine – wenn auch «gut»gemeinte – Einmischung, reagieren genervt bis gereizt auf solche Bevormundungen, die sich aus einer «Ich will doch nur dein Bestes»-Haltung herleiten.

Unter mediengerecht produzierter Unterhaltung verstehen wir dagegen, daß technische Mittel und ästhetische Möglichkeiten berücksichtigt werden, die für das *Hör*-Medium «Kassette» spezifisch sind, dieses Medium unverwechselbar und von anderen Medien unterscheidbar machen: die Stimme, der Klang der Stimme, der Sprechrhythmus, der Einsatz von Musik, von Geräusch oder von Halleffekten. An der Verwendung hörspezifischer Kategorien lassen sich somit anspruchsvolle von anspruchslosen Kassetten unterscheiden. Diese Kategorien haben wir bei der Bewertung und Auswahl gleichberechtigt neben die inhaltlich-thematischen Kriterien gestellt.

Die überwiegende Zahl der Billigprodukte messen den hörspezifischen Kategorien keine oder nur eine untergeordnete Bedeutung bei: Sie verwechseln Sprache mit überzogener Lautstärke, sie verzichten auf eine eigenständige Gestaltung von Musik und Geräuschen, übernehmen zum Beispiel den originalen Soundtrack von Film und Fernsehserie. Billigkassetten sind häufig nicht mehr als «Filme ohne Bilder». Eine Bewertung der Qualität von Kassetten muß – wie gesagt – deren ganz eigene ästhetische Mittel berücksichtigen, sonst würde sie einseitig bleiben, ständig in der Gefahr schweben, den Inhalt über die Form zu stellen.

Wer über anspruchsvolle, gar «die besten» Hörkassetten für Kinder schreibt, der muß vor einer Gleichung warnen, die in vielen Rezensionen – unausgesprochen – enthalten ist: Demnach hätten «gute» Kassetten automatisch eine «gute» (d. h. aufbauende, phantasiefördernde) Wirkung, «schlechte» Kassetten bedeuteten dagegen eine Gefahr für die kindliche Entwicklung und Phantasietätigkeit. Solche Gleichsetzungen sind grob fahrlässig. Es gibt keine einflußlosen Medienprodukte, das ist richtig. Nur: welchen Einfluß, welche Wirkung Kassetten haben können, hängt ganz entscheidend von den Voraussetzungen ab, die jüngere wie ältere Kinder in den Prozeß des Hörens mit einbringen. Entscheidend bei der Bewertung des Einflusses ist somit nicht die Kassette allein, den Eltern und anderen pädagogisch Handelnden kommt eine zentrale Bedeutung zu: Wissen sie doch genauer und detaillierter über den intellektuellen und gefühlsmäßigen Entwicklungsstand des Kindes Bescheid.

Ein Ratgeber gibt einen Überblick über das Angebot – nach bestem Wissen und mit Kenntnis ausgewählt, ein Ratgeber nimmt Eltern jedoch nicht die Verantwortung ab, die Entscheidung für das ganz spezifische und das zum eigenen Kind passende Angebot auszuwählen. Nur sie wissen, was Kinder mit Vergnügen und zur Entspannung hören, was ihnen an Spannung und Abenteuer zumutbar ist oder welche Geräusche, Musik und Szenen sie möglicherweise ängstigen und verunsichern.

Qualitätskriterien müssen Kinder durch Tun und Handeln, durch das eigene Hören erfahren – wir deuteten dies bereits weiter oben an. Das heißt: Kinder wünschen und brauchen auch den Kontakt mit weniger anspruchsvoll produzierten Kassetten. Nur durch eigenständige Vergleiche erfahren sie die unterschiedlichen Standards. Wer Kinder vor minderer Qualität bewahren, gar schützen will, macht sie orientierungs- und wehrlos, liefert sie der Wucht des Kassetten-«Schrotts» aus. Wer seine «guten» Qualitätsstandards gegen die «schlechten» der Kinder ausspielt, wird zudem einen ganz anderen als den beabsichtigten Effekt erreichen: Die mit viel Mühe ausgewählten, anspruchsvollen Kassetten werden dann ungehört in der Ecke liegenbleiben, dies zumindest so lange, wie Eltern in der Nähe sind.

Ästhetische Bildung, die Ausbildung eines differenzierten Hörsinns, kann sich nicht durch «Lehrpläne» der Eltern oder durch geballte Trainingsprogramme zwischen dem dritten und achten Lebensjahr entwickeln, hörästhetische Bildung ist eine lebenslange Aufgabe. Die Fundamente werden zwar in der frühen Kindheit gelegt; aber der Weg zu einem differenzierten Hören verläuft nicht geradlinig, er führt in Sackgassen, über mühevolle Umwege oder wird von geräuschvollen Autobahnen behindert.

Beurteilungskriterien

Es gibt Ausdrucks- und Gestaltungsmittel, an denen man anspruchsvoll hergestellte und weniger mediengerecht produzierte Hörkassetten unterscheiden kann:
▸ die Gestaltung von Raum und Zeit
▸ die Montage / Verknüpfung von Szenen
▸ der Einsatz von Sprecher und Stimmen
▸ der Sprachstil, die Verwendung der Sprache
▸ die Bedeutung der Musik
▸ die Bedeutung der Geräusche
Für eine Beurteilung von Kassetten sind weiterhin wichtig:
▸ Inhalt, Thema und Erzählweise einer Geschichte
▸ die Gestaltung der Hauptfigur (des Helden / der Heldin)
▸ der Aufbau einer Handlung bzw. des Spannungsbogens

Gestaltung des Raumes

Um Räume hör- und erlebbar zu machen, brauchen Hörspiele spezifische ästhetische und technisch-elektronische Mittel. Der Schauplatz einer Handlung kann durch den gesprochenen Text angedeutet oder genau beschrieben werden, man kann an kindliche Wahrnehmungserfahrungen anknüpfen («Vor mir liegt ein langer, dunkler Gang, wie ein Keller bei Nacht»), man kann mit unterschiedlichen Assoziationen des Kindes spielen («Ganz hinten am Horizont zieht eine große, dunkle Wolke auf»). Während in diesen Beispielen der Raum über das erzählte

Wort skizziert wird, das Wort die Phantasie des Hörers anregen soll, kann man Räume zugleich auch durch akustische Mittel (Geräusche, Stimmen und Musik) aufbauen. Über Klänge lassen sich Räume gefühlsmäßig «färben» (z. B. ein dunkler Raum durch dumpfe Töne, ein heller Raum durch entsprechende Musik).

Bei anspruchslosen Produktionen zeigt sich meist eine Verdoppelung von inhaltlichen mit akustischen Informationen. Der Medienwissenschaftler Heinz Hengst nennt diese Unsitte «Doppelpunkt-Dramaturgie». Diese Dramaturgie vernachlässigt die spezifischen Möglichkeiten, die man bei der Umsetzung von Hörkassetten hat, sie stellt Räume nicht allein sprachlich vor, sie kündigt darüber hinaus Geräusche zusätzlich an, wenn z. B. der Sprecher sagt: «Wir befinden uns in einer lebhaften Straße.» – Großes Durcheinander von Geräuschen. Der Sprecher weiter: «Autos hupen.» – Man hört entsprechende Geräusche. Dann der Sprecher: «Straßenbahngeklingel.» – Und es sind wieder die entsprechenden Geräusche zu vernehmen.

Solche Dramaturgie ist von einem überzogenen Naturalismus geprägt, der die kindlichen Wünsche nach Phantasie *und* Realismus mißachtet. Darüber hinaus verzichtet die «Doppelpunkt-Dramaturgie» auf eine innere Gestaltung der Räume: Meist wird «Nahes» – die Aktion unmittelbar vor dem Mikrophon – bevorzugt. Anspruchsvolle Produktionen arbeiten dagegen mit Halleffekten, um Abstände zwischen sprechenden Personen bzw. die Größe der Gestalt des Raumes in den Assoziationen und Vorstellungen von Hörern zu erzeugen. Bei Billigkassetten kann der Hörer – weil auf Raumhall verzichtet wird – nicht unterscheiden, ob ein Dialog im Freien oder in einem langen Flur stattfindet. Als Konsequenz werden die Räume «angesagt», weil man ansonsten nicht verstehen würde, wo sich die Handlung abspielt. Die nicht nachzuvollziehende Unterscheidung von Vorder- und Hintergrund bringt einen zusätzlichen

Nachteil mit sich: Solche Hörkassetten verzichten auf eine hörbare Gestaltung von Bewegung (z. B. mittels differenzierter Geräusche), die nun ebenfalls angesagt werden muß. Das hört sich dann etwa so an: Sprecher: «Hier kommt Rotkäppchen.» Es sind weder Schritte noch Geräusche zu hören, aber plötzlich steht die Märchenfigur am Mikrophon, ist «nah» dran und spricht.

Hörbare Modifizierung des Schalls (z. B. das Geräusch des leiser werdenden Straßenlärms vermittelt, daß das Fenster geschlossen wurde) bzw. des Halls (z. B. der Verzicht auf Nachhall, wenn eine Person aus einem engeren Raum in das Freie tritt) sind künstlerische Ausdrucksmittel, auf die marktgängige Billigstkassetten aus Kostengründen gerne verzichten. So läßt sich an der hörgerechten Raumgestaltung der künstlerische Wert und ästhetische Anspruch einer Hörkassette für Kinder zeigen.

Die Gestaltung der Zeit

Sie ist eng verknüpft mit der Gestaltung von Raum und Schauplatz. Hier gilt vieles von dem, was wir eben ausgeführt haben: Entscheidend für die Bewertung ist, wie eine Kassette Zeit, Zeitverläufe, Entwicklungen in der Handlung oder von Personen über Geräusche, Musik und Stimme hörbar macht. Dabei gilt: Je jünger die Zuhörer, um so stärker muß sich die Zeitdramaturgie an entwicklungsbedingten Besonderheiten orientieren. Ständige Zeitsprünge mittels Vor- und Rückblenden verwirren jüngere Kinder, führen zur Orientierungslosigkeit. Andererseits brauchen aber auch eindimensionale Erzählstränge, die in eine Rahmengeschichte eingebunden sind und sich für jüngere Kinder sehr gut eignen, auf hörspezifische Mittel nicht zu verzichten. Ältere Kinder können Rück- und Vorblenden oder parallele Handlungsstränge nachvollziehen, wenn diese entsprechend gestaltet sind. Kassetten- und hörspielspezifische Mittel wie die Aufhebung von Zeitfolgen, die Beschleunigung oder die Verlangsamung von Abläufen finden sich fast ausschließlich auf anspruchsvollen Produktionen. Bei der Massenware dient die Aufhebung von Zeitläufen (z. B. in Form einer Handlungsbeschleunigung) meist nur aufgesetzten Klamauk-Effekten oder führt zu einer überzogenen Action-Dramaturgie. Diese Unart findet sich insbesondere bei jenen Kassetten, die mit der Original-Tonspur (dem Soundtrack) von Fernsehserien arbeiten (z. B. «Turtles», «He-Man», «Wickie», «Heidi» etc.).

Die Montage bzw.
Verknüpfung von Szenen und Sequenzen

Die Montage verbindet oder trennt Schauplätze, Zeiträume und Handlungen. Technisch wird die Montage häufig durch einen Schnitt bzw. eine Blende (Ein-, Aus-, Über- oder Rückblende) verwirklicht. Das Abblenden einer Szene (z. B. durch Verklingen des charakteristischen Geräuschs) und das Aufblenden einer neuen Klangfarbe, verbunden mit einem orientierenden Sprachkommentar, ist allerdings wenig einfallsreich. Ein anderes, oft zu hörendes Klischee besteht darin, kurze Musikpassagen als Schnitt zwischen zwei Szenen einzusetzen.

Andere, wesentlich kunst- und effektvollere Montagetechniken finden – leider auch auf anspruchsvollen Produktionen – demgegenüber selten Verwendung: So kann man Szenen, die an verschiedenen Orten spielen (die erste z. B. auf einer belebten Straße, die andere in einer Höhle) direkt gegeneinander montieren und bringt allein durch die Gestaltung des Raumes die unterschiedlichen Schauplätze zu Gehör. Auch über Geräusche eröffnen sich Möglichkeiten, Szenen miteinander zu montieren bzw. abzugrenzen:

Der Effekt, von einem Geräusch in ein anderes überzublenden (aus dem Geschnatter einer Kindergruppe wird das Geschnatter eines Huhnes), findet sich eher auf den anspruchsvollen und mit viel technischem Aufwand produzierten Kassetten. Bei den Niedrigpreis-Kassetten überwiegen dagegen stereotype, wenig kunstvoll eingesetzte Schnitt- und Blendentechniken. Diese haben ausschließlich die Aufgabe, zwei Handlungsorte so voneinander zu trennen, daß die Illusion der Handlungseinheit bestehenbleibt bzw. nicht aufgelöst wird. Montagen dienen nur dazu, wie beim Lesen, «eine Seite umzublättern» und einen neuen Abschnitt beginnen zu lassen.

Der Einsatz von Sprecher und Stimmen

Während der Schauspieler in Film und Fernsehen durch Mimik und Gestik, durch Kleidung und körperliche Statur, durch die Umgebung und durch sein Handeln charakterisiert wird, bleibt dem Sprecher auf der Kassette nur seine Stimme bzw. deren Modulationsfähigkeit. Beide erzeugen nicht nur die Vorstellung über eine Person beim (erwachsenen wie kindlichen) Zuhörer, sie haben darüber hinaus die Aufgabe, die auftretenden Akteure gegeneinander abzugrenzen.

Zwei Bedingungen sind dabei wichtig: zum einen der Wortklang, zum anderen dessen Anschaulichkeit. Der Kunsttheoretiker Rudolf Arnheim hat dazu vor mehr als fünfzig Jahren ausgeführt:

«Das Hörspiel soll nicht in einem akustischen Büßergewand einhergehen. Es soll in allen Klangfarben schillern; denn der Weg zum Wortsinn geht über das Ohr!» Der Klang des Worts wird vom Sprechtempo und -rhythmus, von Tonstärke und -höhe sowie der Betonung mitbestimmt bzw. erzeugt. Jeder Sprecher, jede Sprecherin muß, damit die Akteure unterscheidbar bleiben, in seiner Stimme einen charakteristischen Grundklang haben. Dieser Klang ist ein Element der Spielhandlung und mitbestimmend für die Absicht und den Sinn der Geschichte oder des Hörspiels. Um eine Vorstellung von Schauplätzen und Personen, von Motiven und Handlungen zu erzeugen, ist darüber hinaus eine ebenso anschauliche wie konkrete Sprache notwendig, die durch deutliche Ausdrücke, erläuternde Bilder, gezielte Vergleiche, aber auch durch eine magisch-mythische Sprechweise, die Assoziationen wachruft, geprägt wird.

Ein wichtiges Bewertungskriterium stellt somit die Gestaltung des gesprochenen Wortes dar. Dabei kommt es auf zwei Gesichtspunkte an: zum einen, ob Klanglichkeit und Anschaulichkeit der Sprache themenangemessen umgesetzt worden sind, zum anderen, ob das Wort nicht zu sehr dominiert, so daß andere akustische Ausdrucksmittel abgewertet werden. Denn gerade bei der anspruchslosen Billigware wird Klanglichkeit des Wortes mit Lautstärke und schrillem Getöse verwechselt, was wiederum mit einer Reduktion von Geräusch und Musik auf stereotype, immer wiederkehrende Elemente verbunden ist. Klanglichkeit der Sprache hat allerdings nichts mit einem übersteigerten Naturalismus zu tun, der dazu führen kann, daß Stimmen schwer voneinander zu unterscheiden sind. Die Forderung nach einer anschaulichen Sprache hat gerade bei den Niedrigpreis-Kassetten dazu geführt, daß auf kassettenspezifische Gestaltungselemente verzichtet wird. Damit verstärkt sich noch die Tendenz zur «Doppelpunkt-Dramaturgie». Rudolf Arnheims Forderung, wonach die Verbindung von Musik, Geräusch und Sprache zu einem einheitlichen Klangmaterial eine der großen künstlerischen Aufgaben von Hör-Medien sein müsse, ist nur bei den ansprechenden Hörkassetten eingelöst worden.

Die Umsetzung des Wortes geschieht bei einem überwiegenden Teil der Kassetten ausschließlich in Form des Dialogs. Eine spezifische Möglichkeit dieses Mediums – das Erzählen bzw. der innere Monolog – wird fast nur in anspruchsvollen Kassettenproduktionen genutzt. Dies ist angesichts der vielen, auf Action- und Höhepunktdramaturgie abzielenden Bearbeitungen fast folgerichtig. Hier werden Dialoge nur selten dazu verwendet, Handlungen voranzutreiben. Meist stellt ein kommentierender Erzähler die Gesprächssituation bis zu jenem Punkt zusammengefaßt dar, wo sich der Dialog dem Höhepunkt nähert. Es ist daher nicht weiter erstaunlich, wenn sich viele Dialoge auf diesen Hörkassetten in einer stimmgewaltigen Ausdruckslosigkeit verlieren, die es dem Hörer schwermacht, die beteiligten Personen genau zu identifizieren.

«Es gibt», so nochmals Rudolf Arnheim, «in der Kunst ein allgemeines Gesetz der Sparsamkeit, das gebietet, nicht mehr in ein Werk hineinzunehmen, als zu seiner Gestaltung unbedingt gebraucht wird.» Als hätte er die Widersprüchlichkeit einer solchen Norm und die Ideenlosigkeit mancher Kassettenproduzenten vorausgeahnt, setzt Arnheim hinzu: «Der Mangel an Einfällen ist nicht dasselbe wie sparsame Formgebung.»

Die Bedeutung der Musik

Am Einsatz der Musik wie an der Verwendung von Geräuschen läßt sich die Konzeptionslosigkeit anspruchsloser Hörkassetten für Kinder weiter verdeutlichen. Musikpassagen können innerhalb einer Handlung eigenständig Funktionen haben – z. B. in der Verwendung als Leitmotiv oder zur Verdeutlichung von Handlungselementen. Auch dies läßt sich fast nur bei den anspruchsvolleren Kassetten hören. Bei der Massenware hat Musik zwei stereotype Funktionen: Einerseits dient sie der Strukturierung, andererseits dazu, Details intensiver und gefühlsmäßig erlebbarer zu gestalten. So wird der Naturalismus des gesprochenen Wortes auf der musikalischen Ebene fortgeführt.

Klischees und Stereotype finden sich auch bei Kinderliedern, die vor kindertümelnden und sich anbiedernden Texten manchmal nur so wimmeln. Hier wird der Wunsch der Kinder nach eingängigen Rhythmen und schnell wiedererkennbaren Strophen maßlos ausgenutzt. Andererseits können auch neue, ungewohnte Töne und andere, freche Liedertexte fesseln: Frederik Vahle oder Klaus W. Hoffmann haben hier schon lange hervorragende künstlerische Arbeit geleistet und sind längst Klassiker geworden.

Einsatz der Geräusche

Geräusche benutzt man in der Mehrzahl der anspruchslosen Produktionen dazu, Situationen anschaulicher zu beschreiben, Personen oder das Milieu realistischer zu charakterisieren. Die Geräusche stehen vielfach im Dienste des Wortes, d. h., sie werden angesagt oder im nachhinein kommentiert. Auch hier gilt wieder: Zur Strukturierung einer Handlung, zur Überblendung oder als Leitmotiv, letztendlich zur Gliederung eines ganzen Themas, werden Geräusche nur auf anspruchsvollen Produktionen eingesetzt. Und auch das dramatische Stilmittel der Stille und der Ruhe wird ausschließlich bei diesen Kassetten verwendet.

Betrachtet man die Art und Weise, wie Räume und Schauplätze in den Spielhandlungen gestaltet sind, wie Geräusche und Musik eingesetzt werden, wie Helden, Heldinnen und Situationen charakterisiert sind, so kann die oben aufgestellte These nur bestätigt werden: In vielen Billigproduktionen wird auf eine medienspezifische Umsetzung der Handlung verzichtet, die Aussagekraft des Hörmediums «Kassette» mitsamt seinen ganz spezifischen ästhetischen Möglichkeiten gegenüber den Seh-Medien wie Film oder Fernsehen scheint von den Produzenten gering eingeschätzt zu werden.

«Das sinnliche Übergewicht der Augenwelt über die Ohrenwelt ist in unserem Leben so groß, daß man sich nur schwer daran gewöhnt, die Hörwelt als etwas anderes als einen Durchgang zur Sehwelt zu bewerten», so Rudolf Arnheim in den 30er Jahren, lange bevor das Fernsehen als audiovisuelles Medium seinen Siegeszug begann.

Inhalt und Thema

Wir hatten es betont: In den Fachbesprechungen von Hörkassetten dominieren die inhaltlich-thematischen Gesichtspunkte. Sie sind dabei fast ebenso einseitig wie manche Billigstanbieter, die die Nähe ihrer Produktionen zu Fernsehserien, die Einbindung ihrer Kassetten in den kommerziellen Vermarktungs- und Werbeverbund als höchstes Gütekriterium preisen.

Wenn wir ästhetische und formale Kriterien zuerst aufgeführt haben, dann nicht, weil die Bewertung der Handlung, des Themas oder der Gestaltung von Hauptfiguren für uns nachrangig sind.

Der Inhalt und das Thema einer Hörkassette müssen dem gefühlsmäßigen Entwicklungsstand des Kindes angemessen sein. Das Thema einer Hörkassette soll Kinder in ihrer Entwicklung begleiten und unterstützen: Deshalb müssen Kassetten für jüngere Kinder andere Themen, Konflikte und Lösungen anbieten als Produkte für Grundschulkinder. Jüngere Kinder fasziniert Magie, Mythos und Zauber, für ältere zählen häufig schon realistischere Lösungen, die Suche nach Wegen, in der die eigene Kraft, der eigene Selbstbehauptungswille zählt.

Wenn Kinder nun auf Massenprodukte wie «Bibi Blocksberg», «Benjamin Blümchen» oder ähnliche Serien geradezu abfahren, ist dies kein Zeichen für ihren «schlechten», gar angepaßten Geschmack. Schließlich ist der Erfolg dieser Kassetten nicht allein auf den Medienverbund oder den Konsumrausch von Kindern zu reduzieren. Ganz offensichtlich *fühlen* Kinder sich von diesen Massenserien angesprochen, sie spüren, daß ihre Themen in ihrer Sprache behandelt werden.

Generell gilt: Kassetten, die auf die innere kindliche Entwicklung – wie die Entwicklung eines Selbstwertgefühls, den Aufbau einer eigenen Identität, den Umgang mit Trennung, Angst und Tod, die Bearbeitung aggressiver Phantasien, den Umgang mit Liebe, Haß, Freund- und Feindschaft – eingehen und diese Themen auf eine für die Heranwachsenden gemäße, vor allem unterhaltsam-sinnliche Weise bearbeiten, haben bei Kindern eine große Chance. Kinder sind hervorragende, manchmal drastische Kritiker, und die Klage mancher Produzenten oder Publizisten, anspruchsvolle Kassetten hätten angesichts massiver

Werbestrategien für die Billigprodukte kaum eine Chance, stimmt nur teilweise. Qualität setzt sich bei Kindern durch, Anspruch findet Gehör, wenn Kinder fühlen, daß sie von den Hörkassetten als ganze Persönlichkeiten angenommen werden – allerdings müssen sie auch die Chance bekommen, solche Produktionen überhaupt hören zu können.

In anspruchsvollen Produktionen werden Kinder mitsamt aller Persönlichkeitsanteile angesprochen – dazu gehört auch die innere Auseinandersetzung beispielsweise mit Gewalt, mit Aggression und Angst. Kassetten, die diese Themen ausblenden, werden wenig Chancen beim jungen Publikum haben. Nicht die Ausblendung existentieller Gefühlslagen kann somit ein Kriterium für anspruchsvolle und kindorientierte Hörkassetten sein, es geht vielmehr darum, wie diese Themen bearbeitet und künstlerisch umgesetzt werden.

Das Thema «Aggression» war und ist zentraler Bestandteil der Kinderkultur – deshalb sind auch Abenteuerbücher, Sagen und Märchen nach wie vor Favoriten bei jungen Lesern. Der Umgang mit Aggression ist zentrales Thema in der kindlichen Entwicklung – gerade weil Aggression für Kinder nicht nur mit Zerstörung zu tun hat. Aggression – im ursprünglichen Sinne des Wortes von lateinisch aggredi: auf jemanden zugehen, etwas anpacken – hat mit Loslösung, mit Behauptung, mit Selbstwerdung zu tun. Der gekonnte Umgang mit Aggression, eben die Vermeidung von Zerstörung und Gewaltverherrlichung, geht einher mit List und Klugheit, mit Schläue und Phantasie.

Kinder lieben Helden ...

... und zwar solche, die in Bewegung sind, zu neuen Ufern aufbrechen. Kinder lieben Helden, die ihnen das vorleben. Wenn solche Figuren aber als Alleskönner angelegt sind, keine Brüche aufweisen, schier omnipotent scheinen, bieten sie keine Anregung für Entwicklung. Statische, eindimensionale Helden, die am Anfang einer Hörkassette genauso klug, stark, hilfreich und verwegen sind wie am Ende, helfen Kindern nicht, sind kein Vorbild, das die Auseinandersetzung lohnt. Der Held, der listig übermächtige Gegner austrickst, die Heldin, die sich im Lauf der Geschichte verändert, bieten dagegen eine bessere Identifikationsmöglichkeit für Kinder. Häufig entwickeln sich solche Figuren in der Auseinandersetzung mit anderen Personen, im *symbolischen* Kampf. Beispielhaft für eine solche Person ist jener Märchenheld, der auszieht, um das Gruseln zu lernen, sich in drei Situationen beweisen und behaupten muß, um eine eigene Identität zu entwickeln. So wie sich Helden und Heldinnen in den Kassettenabenteuern fast ausweglos scheinenden Situationen ausliefern, um dann letztlich zu siegen und zu überleben, so ist auch die Entwicklung der zuhörenden Kinder von Kampf und Lösung geprägt, einem Kampf um Eigenständigkeit und die Lösung aus vertrauten Zusammenhängen.

Wenn Helden und Heldinnen Kindern Orientierung bieten sollen, dann muß sich die Gestaltung an Besonderheiten der kindlichen Wahrnehmung ausrichten. Je jünger Kinder sind, um so eher brauchen sie polare Helden, um sich zurechtzufinden. Helden, die entweder gut oder böse, groß oder klein, stark oder schwach, schlau oder dumm sind. Solche Polarität entspricht der moralischen Entwicklungsstufe von jüngeren Kindern. Wenn nun Billigkassetten diese Polarität in ihrer stereotypen und klischeehaften Figurengestaltung bis zur Unkenntlichkeit ausbeuten, dann spricht das nicht gegen entsprechende Heldendramaturgien. Der Erfolg sollte anspruchsvollen Produzenten allenfalls als Ansporn dienen, solche Elemente besser umzusetzen.

Handlung und Spannungsbogen

Abenteuergeschichten, Fabeln und Märchen haben Spannungsbögen, die Kinder in den Bann ziehen. *Kinder wünschen sich Spannung, weil diese bei ihnen eine innere Spannung, ein*

intensives Miterleben und -fühlen nach sich zieht. Aber ein Zuviel an Spannung kann Kinder gefühlsmäßig überfordern, sie
verunsichern und ängstigen. Deshalb setzt die Inszenierung der
Spannung ein hohes Maß an Verantwortungsbewußtsein seitens
des Autors und des Regisseurs voraus. Auch hier kann anschaulich zwischen anspruchsvoll hergestellten Hörspiel- und Billigproduktionen unterschieden werden. Billigkassetten bauen auf
oberflächliche Action, auf ein – zugegebenermaßen äußerst
wirksames – Gemenge aus Geräusch, Musik und Lautstärke,
das Kinder rasch packt und sie nicht mehr losläßt. Solche Produktionen nehmen Kindern manchmal die Kraft zum Atmen,
lassen ihnen keine Möglichkeit einer selbstbestimmten Distanzierung. Meist sind die Handlungen nach dem Prinzip der «Rettung in letzter Minute» aufgebaut, d. h., die Spannung entwickelt sich langsam. Die Identifikation mit der Hauptfigur wird
gefühlsmäßig hergestellt, die Spannung steigert sich bis kurz
vor Ende der Kassette, z. B. indem der Held in eine bedrohliche
Lage gerät oder bei einer Rettungs- und Hilfsaktion fast zu
scheitern droht. Eine solche Handlungsdramaturgie fordert Kinder enorm, die innere Spannung hält meist über den Schluß der
Kassette hinaus an. Diese Anspannung leben Kinder in Spielen
aus, bei denen stereotyp-zwanghafte Abläufe und eine laut-
starke Sprache überwiegen.

Der Entwicklung und den Wahrnehmungsbesonderheiten
von Kindern angemessener ist eine «Wellendramaturgie». Hier
setzt sich die Handlung aus einzelnen, kleinen Episoden zusammen, die jeweils ihre eigenen Spannungshöhepunkte haben. Damit bleibt den Kindern – schon während des Hörens –
Zeit zur Entspannung und zur Verarbeitung. Die Momente zur
Entspannung können durch Musik oder durch einen wieder-
kehrenden Rahmenerzähler unterstützt werden. Die Wellendramaturgie, die ihre ganz eigene Spannung hat und Kinder auf
eine behutsame Weise in den Bann zieht, läßt die Möglichkeit
der Distanzierung, läßt Raum, den inneren Bildern und Stimmen

nachzuspüren. Die Wellendramaturgie fordert und fördert den aktiven Zuhörer.

Die Spannung einer Handlungsdramaturgie geht mit der inneren Spannung der Kinder Hand in Hand. Sie bedingen sich gegenseitig. Das Hör-Erlebnis stellt sich für Kinder als ein fühlbares Erlebnis dar. Kinder wollen Inhalte von Hörkassetten nicht verstehen, sie wollen auf eine spielerische Weise ausloten, welche Gefühlsdimensionen und -szenarien sie aushalten und welche sie überfordern. Der Umgang mit den Gefühlen gleicht einer Gratwanderung, die auch von Absturz, sprich: gefühlsmäßiger Überforderung bedroht sein kann. Kinder brauchen diesen Nervenkitzel, diese *selbstbestimmte* Begegnung mit der Gefahr. Kinder haben ein ganz tiefes Bedürfnis nach Lust an der Angst, einer Angst, die sie nicht niederdrückt, die ihnen vielmehr zeigt, wie mutig und selbstbewußt sie sich angstbesetzten Situationen stellen – gleich jenem Märchenhelden, der auszog, das Fürchten zu lernen und erst zufrieden war, als sich das Gruselgefühl bei ihm einstellte, als er das Gefühl des Nervenkitzels ganz konkret erfahren hatte. Damit aber Lust an der Angst funktioniert, müssen drei Faktoren zugleich eintreffen:

- Das Kind setzt sich *freiwillig* einer emotional verunsichernden Situation aus.
- Es existiert – aus der Sicht des Kindes – eine äußere, objektive Gefahr, der geliebte Held erlebt z. B. ein gefährliches Abenteuer. Das Kind läßt sich dabei auf ein stark gefühlsbesetztes Szenario ein und verzichtet auf die gewohnte Sicherheit.
- Das Wissen um und das Vertrauen auf einen positiven Ausgang der Dramaturgie ist ein weiterer wichtiger Baustein der Angst-Lust. *Kinder brauchen das Happy-End.*

Wir betonen es nochmals: Manche Produktionen machen es sich mit der Inszenierung des Nervenkitzels zu leicht – getragen vom Wissen, daß Kinder darauf wie von selbst einsteigen.

Aber gerade weil Angst-Lust ein so tiefes gefühlsmäßiges Erleben darstellt, ist ein verantwortungsbewußter Umgang mit der Dramaturgie wichtig, der die Kinder als eigenständige Wesen ernst nimmt.

Kapitel 2 Eine Auswahl empfehlenswerter Hörkassetten

Wer sich über den Markt der Hörkassetten einen Überblick verschaffen will, der befindet sich in einem Dilemma: Einerseits prägen einige marktführende Firmen mit ihren erfolgreichen Serien das Gesamtbild, ja man hat den Eindruck, als gäbe es außer «Bibi Blocksberg», «Benjamin Blümchen», «TKKG» oder Action-Serien mit aus dem Fernsehen bekannten Namen nichts mehr. Andererseits existieren weit über 4000 Titel, von denen nicht wenige ein Nischendasein führen, viele mit Engagement hergestellt, aber von Kinderohren nur selten oder gar nicht gehört.

Während der letzten Jahre hat sich die Situation jedoch nachhaltig verändert. Action-Serien und TV-gebundene Stoffe haben erhebliche Umsatzeinbußen hinnehmen müssen. Anbieter anspruchsvoller Produktionen werden nun eher wahrgenommen, neue sind hinzugekommen. Und sie haben die Qualität ihrer Produktionen noch verbessern können.

Während anspruchsvoll hergestellte Titel oft bei Erstauflagen von 2000–3000 Kassetten liegen, kalkulieren die Marktführer mit bis zu 40000 Kassetten zum Start. Von «Benjamin Blümchen» sind mehr als 40000000 Kassetten (seit 1978) verkauft worden! Der Erfolg solcher Titel ergibt sich aus einem vielversprechenden Gemenge:

- Ein Held, in dem Kinder sich mit ihren Wünschen und Sehnsüchten spiegeln können.
- Eine Geschichte, die Kinder schnell in ihren Bann zieht und nicht wieder losläßt.

- Ein hoher Wiedererkennungswert durch den Seriencharakter. Erfolgreiche Einzeltitel stellen deshalb die Ausnahme dar.
- Die Einbindung eines Titels in einen kommerziellen multimedialen Verbund. Manche Titel stellen eine Zweitverwertung erfolgreicher Fernsehserien oder von Kinofilmen dar. Um viele erfolgreiche Titel rankt sich ein gigantischer Werbeverbund, d. h., das Hör-Erleben kann durch den Kauf von überflüssigen Konsumartikeln verlängert werden.
- Erfolgreiche Titel und Serien finden sich zumeist im Niedrigpreisbereich, der zum Spontankauf verleitet. Etwa 80 Prozent dieser Kassetten werden in Verbrauchermärkten und Warenhäusern gekauft.

Überblickt man die Themen, die der Kassettenmarkt anbietet, so fällt es manchmal schwer, die einzelnen Genres (Abenteuer, unterhaltende Geschichten für Kinder, Lieder für Kinder etc.) klar voneinander zu trennen. Ungeachtet aller Schwierigkeiten bei der Einteilung lassen sich doch nachstehende Kategorien unterscheiden:

- Märchen und phantastische Geschichten
- Kinderliteratur und Geschichten für Kinder
- Abenteuer, Krimis und Science-fiction
- Kinderlieder
- Klassische Musik und Geschichten mit Musik

Wo können Sie die empfohlenen Kassetten bekommen? In der Regel sind sie in Musikgeschäften zu erhalten oder zu bestellen. Zunehmend führen auch engagierte Buchhändlerinnen und Buchhändler anspruchsvolle Kassetten in ihrem Sortiment.

Märchen und
phantastische Geschichten

Erich Ackermann: «Gruselmärchen».
Gesprochen von Hannelore Hoger.

Ab 8 Jahre (s. Hörbuch-Bestenliste, S. 126)

Erich Ackermann: «Märchen der Antike».
Gesprochen von Peter Franke.

Ab 6 Jahre

*Verlag: Jumbo
Neue Medien &
Verlag 1998*

Peter Franke liest bekannte griechische Sagen mit solcher Stimmgewalt, daß der Zuhörer gerne in die Welt der Antike abtaucht und sich in die Abenteuer der Helden hineinziehen läßt. Kurze musikalische Impressionen verbinden die einzelnen Hörstücke und tragen zur Vertiefung der erzeugten Stimmung bei.

Vita Andersen: «Petruschkas Lackschuhe».
Gesprochen von Ernst-August Schepmann.

Ab 4 Jahre (s. Hörbuch-Bestenliste, S. 126)

Empfehlenswerte Hörkassetten

Lewis Carroll: «Alice im Wunderland».
Bearbeitet von Dieter Wardetzky.

Im Wunderland ist alles wunderbar, und doch erscheint es der kleinen Alice bald eher selbstverständlich. Ein weißes Kaninchen mit rosaroten Augen spricht sie an. Sie folgt ihm in seinen Bau, sie fällt und fällt und fällt ... und sitzt plötzlich in einem Riesensaal mit vielen versperrten Türen. Da findet sie ein kleines goldenes Schlüsselchen ...

Dieses Hörspiel ist sehr nah an der Buchvorlage inszeniert. Die Verbindung zwischen den einzelnen Dialogen übernimmt Alice in Selbstgesprächen oder inneren Monologen. Phantastische Klänge und musikalische Einschübe unterstützen die zauberhaften, verrückten Vorgänge. Kinder haben besonders Spaß an den skurrilen Geräuschen, die die andauernden Verwandlungen und den absurden Wortwitz begleiten. Die Kassette sollte in Verbindung mit einem entsprechenden Bilderbuch gehört werden (z. B. Lewis Carroll «Alice im Wunderland». Boje Verlag 1991; gleicher Verfasser und Titel in der Insel-Bibliothek 1989).

Ab 5 Jahre

Verlag: Litera Junior (in Bibliotheken).
Eine andere Produktion des Themas liegt vor von: Wippersberg Walter: Alice im Wunderland (nach Lewis Carroll). Patmos 1992. 2 MC

Martin Ebbertz: «Armes Ferkel Anton».
Gesprochen von Peter Simonischek.

(s. Hörbuch-Bestenliste, S. 129)

Ab 5 Jahre

Vera Ferra-Mikuwa / E. Arzberger: «Unsere drei Stanisläuse».

(s. Hörbuch-Bestenliste, S. 130)

Ab 4 Jahre

Sebastian Goy: «Frau Holle auf Reisen».

Ab 5 Jahre

Verlag: Polygram GmbH 1998 (Deutsche Grammophon, Junior)

Vor dem Schlafengehen erzählt der Großvater Anna Märchen, aber er bringt alles durcheinander. Und das nervt Anna. Im Halbschlaf schnappt sie Radiomeldungen auf, sie hört, wie ihre Mutter spät nach Hause kommt ... Und so dämmert sie zwischen Tag und Traum und erlebt einen irren Film. Sie geht mit Frau Holle auf Reisen und jagt dabei Juwelendiebe.

Obgleich diese CD fast eine Stunde dauert, bleibt die Spannung durch den rasanten Wechsel der Szenen bis zum Schluß erhalten. Hervorheben muß man das Engagement der jungen Hauptdarstellerin Laura Marino. Aber auch die Erwachsenenstimmen sind differenziert gestaltet und nirgendwo überzeichnet.

Helme Heine / Jörg Widmann: «Freunde».

Ab 5 Jahre

Verlag: Aktive Musik / igel records 1997 Buch: Middelhauve

In Mullewapp erklingt das Hohelied auf die Freundschaft. Franz von Hahn, Johnny Mauser und Waldemar, das dicke Schwein, sind unzertrennlich. In Reimen und Prosa werden ihre Abenteuer geschildert, unterbrochen von phantasievollen Musikpassagen: von fetzig-rockig über jazzig, volksliedhaft, verträumt bis hin zu Seefahrerromantik und Schützenfestklamauk ist alles enthalten.

Eine perfekte Umsetzung des Bilderbuches von Helme Heine, in der der Sprecher Rufus Beck überzeugt.

Erich Kästner: «Der 35. Mai oder Konrad reitet in die Südsee».

Die absurdesten Dinge passieren am 35. Mai, aber weder Konrad noch sein Onkel, der Apotheker Ringelhut, wundern sich darüber. Nicht einmal das rollschuhlaufende Zirkuspferd Negro Kaballo kann sie in Erstaunen versetzen. Daß sie durch Ringelhuts Dielenschrank in die Südsee gelangen, verblüfft jedoch beide. Kästner setzt hier der Phantasie keine Grenzen und vermittelt – ganz nebenbei – seine Ansichten über den Pazifismus oder kindgerechte Erziehung.

Locker führt der Erzähler Otto Sander durch das abwechslungsreich inszenierte Hörspiel.

Ab 8 Jahre

Verlag: Polygram GmbH 1999 (Deutsche Grammophon Junior)
Buch: Dressler

Karl-Heinz Koinegg: «Der Schatz der Nibelungen».

Pitt und Paula unternehmen eine Dampfertour auf dem Rhein zum Drachenfelsen, den sie ziemlich langweilig finden. Doch plötzlich taucht der Götterbote Loki auf und nimmt die beiden auf eine Abenteuerreise mit. Kurzweilig und witzig werden Kindern germanische Heldensagen nahegebracht.

Ab 7 Jahre

Verlag: Aktive Musik / igel records 1998.

Astrid Lindgren: «*Pippi Langstrumpf*».
Hörspiel von Jörg Bobsin. Folge 1–3.

Ab 5 Jahre

Verlag: Deutsche Grammophon Hörfest. MC Buch: Oetinger

Alle noch so phantastischen Kinderträume vereinigt Pippi Langstrumpf in sich. Sie ist so stark, daß sie ein Pferd mit Leichtigkeit hochheben kann. Sie hat niemanden, der sie abends ins Bett schickt oder ihr sagt, wann sie sich die Ohren waschen soll, weil sie ganz allein mit ihrem Affen Herrn Nilsson und ihrem Pferd in der Villa Kunterbunt lebt. Sie ist so reich, daß sie sich alles kaufen kann, was sie will. Und sie braucht nicht in die Schule zu gehen. Weil sie so lustig ist, erwarten Thomas und Annika jeden Tag neue spannende Abenteuer mit Pippi. Ganz nebenbei vermittelt diese ihre lebensnahen Weisheiten und führt die Normen der Erwachsenen ad absurdum.

Die meisten Lindgren-Kassetten sind Wiederauflagen älterer Aufnahmen anläßlich des 80. Geburtstags (1987) der Schriftstellerin. So auch die vorliegende: Sie ist ein sorgfältig, eher konventionell gemachtes Hörspiel, das sich direkt an die literarische Vorlage hält. Zwischen den einzelnen Erzählpassagen stehen lebhaft gesprochene, mit Alltagsgeräuschen untermalte Dialogszenen. Die Lindgren-Kassetten sind auch heute noch hörenswert und motivieren vielleicht den einen oder anderen kleinen Hörer, auch einmal das Buch zu lesen.

Empfehlenswerte Hörkassetten

Kamalesh Maitra:
«Der Zuckerbäcker aus Kalkutta».

Ab 6 Jahre

Verlag: Jumbo
Neue Medien &
Verlag 1994
(Neuausgabe)

Der dicke Zuckerbäcker hat die schönsten Rezepte der Welt gesammelt. Diese backt er nach und bietet sie dann in seinem Laden feil. Dabei überläßt er die Geschäfte gerne seinem Sohn, denn er träumt am liebsten vom Zuckerhut. Eines Tages wird sein Sohn von einem schlauen Tunichtgut namens «Einbienchen» überlistet. – Um Klugheit, Tölpelhaftigkeit und List geht es in all diesen Geschichten. Da ist der gefräßige Tiger, der zwar aus seinem Käfig entkommen kann, aber zurückgelockt wird, der gewitzte Fuchs, der sich dumm stellt, oder die Schildkröte, die mit Hilfe der Ente den Cowboys zunächst entkommt, dann aber vor Wut über deren Spott die Nerven verliert. Ein Vater zeigt seinen Söhnen an einem Holzbündel, wie Eintracht zum Erfolg führt. Ein kleines Bauernmädchen erfindet den Lederschuh und rettet so alle Tiere des Landes vor dem Tod.

Mit Witz und leisem Spott in der Stimme erzählt Hans Madin die vergnüglichen Geschichten aus Indien, die alte indische Märchenmotive mit modernen Elementen verknüpfen. Zwischenmusik und Geräusche sind sparsam eingesetzt und verstärken und verlebendigen das Ambiente.

Tilde Michels / B. Kohlhepp u. J. Treyz:
«Kleiner König Kalle Wirsch».

(s. Hörbuch-Bestenliste, S. 138)

Ab 5 Jahre

Gcina Mhlophe:
«Der Zauber der Schildkröte Fudukazis Magic».

Ab 6 Jahre

Auf wundersame Weise beschert die Schildkröte Fudukazis den Tieren, die vor langer Zeit noch alle die gleiche, langweilig braune Farbe besaßen, ein neues und hinreißendes Outfit. Kraft ihres Zaubers verhilft sie zunächst einer Leopardin zu einem wunderschönen Fell *aus Dankbarkeit dafür, daß die Leopardin sie aus einer gefährlichen Situation befreit hatte.

Verlag: Patmos
1998

Die lebendig erzählte Fabel entführt den Hörer in die afrikanische Märchenwelt. Verstärkt wird der Zauber noch durch Musikpassagen und Stimmen in Originaltönen und -sprache.

Fritz Mikesch:
«Gabrieles Drachenflug zum gelben Hasen».

Ab 5 Jahre

«Man soll die Dinge behandeln, als wenn sie etwas fühlen, auch wenn sie nichts fühlen», sagt der Großvater. Und genauso geht Gabriele mit dem grünen Drachen um, der mit ihr aus Dank dafür zum gelben Mondhasen fliegt.

Verlag: Patmos
1999

Eine Geschichte voller Poesie, eingebettet in sphärenhafte Musik. Der verzauberte Hörer schwebt zwischen Wirklichkeit und Traum und wünscht sich, die CD würde nie zu Ende gehen. Besonders anrührend klingt die Stimme von Josepha Prinzner als Enkelin Gabriele Stern.

Empfehlenswerte Hörkassetten

«Der Stab des Moses».
Geschichten und Sagen aus biblischer Zeit.

Alttestamentarische Erzählungen werden auf dieser CD von überflüssigem Ballast befreit und in einer zeitgemäßen Sprache dargeboten. So tritt die märchenhafte und tiefe Symbolik der Geschichten in den Vordergrund.

Ab 8 Jahre

Rolf Becker liest die spannenden Geschichten sensibel und voller Anteilnahme. Giora Feldmann schafft mit seinen unvergleichlichen Klarinettenklängen eine dichte Atmosphäre, die die jiddische Herkunft der Geschichten spiegelt.

Verlag: Aktive Musik / igel records 1999

Benno Pludra: «Das Herz des Piraten».
Bearbeitet von Marei Obladen.

Jessie ist viel allein, ihre Mutter arbeitet den ganzen Tag, den Vater hat sie nie gesehen. Da findet sie eines Tages am Strand einen Stein, der in ihren Händen zu leuchten beginnt, sich warm anfühlt und zu ihr spricht. Er ist das Herz des Piraten William Reds, der viel Gutes, aber auch Böses getan hat in seinem Leben. Jessie vertraut ihm ihre Sorgen an, ihre Phantasien und Sehnsüchte. In dem Moment, wo ihr Vater auftaucht, ein Freund ihr sagt, daß er sie mag, bittet sie der Stein, ihn ins Meer zurückzubringen.

Ab 10 Jahre

Verlag: Deutsche Grammophon Junior 1989. MC Buch: Beltz & Gelberg

Eine einfühlsame Inszenierung, differenziert und warmherzig von den Schauspielern gesprochen. Ohne falsches Pathos wird die Gratwanderung zwischen Realität und Phantasie eingehalten, die magische Ebene ausgelotet. Gerade Kinder mit Identitätsproblemen, etwa auf der Schwelle zur Pubertät, werden sich angesprochen fühlen von diesem Hörspiel, das die Feinheiten des Buches überzeugend umgesetzt hat.

Otfried Preußler: «Die kleine Hexe».
Märchenhörspiel mit viel Musik. Folge 1–3.

Ab 5 Jahre

Verlag: Karussell
Musik und Video.
MC
Buch:
Thienemann

Die kleine Hexe hat Probleme beim Zaubern, es regnet Wäscheklammern, Fliegenpilze, Buttermilch, nur keinen Regen. Sie ist unkonzentriert, und das liegt daran, daß sie zur Walpurgisnacht möchte. Ihr Freund, der Rabe Abraxas, warnt sie: «Du bist erst 127 Jahre, laß das!» Aber sie hört nicht. Und so wird sie zu guter Letzt von den anderen Hexen erwischt und muß zur Strafe zu Fuß nach Hause trotten. Allerdings verspricht die Oberhexe: «Wenn du im Laufe des Jahres die Hexenprüfung bestehst, darfst du das nächste Mal dabei sein.» Gutes soll sie hexen, und das tut sie reichlich ...

Das Hörspiel orientiert sich sehr stark an der literarischen Vorlage. In gemütlich-beschaulichem Ton führt der Erzähler Hans Baur durch die Handlung, unterbrochen von lebendig gesprochenen Dialogen und peppiger Musik.

Rafik Schami:
«Bobo und Susu und der Löwe Benilo».

Ab 5 Jahre

Buch: Bobo und
Susu, Jungbrun-
nen 1987

(s. Hörbuch-Bestenliste, S. 141)

Rafik Schami: «Der Kameltreiber von Heidelberg». «Der Schmetterling».

Der Kameltreiber von Heidelberg, Adel, hört eines Tages aus dem Zimmer seines Vaters Gesprächsfetzen und merkwürdige Laute, obwohl er seinen Vater allein weiß. Er entdeckt bald darauf ein geheimnisvolles Buch. Beim Aufschlagen erwachen die Bilder zum Leben, und er lernt seinen Großvater, einen Straßenräuber aus Syrien, kennen. In diesem modernen Märchen verschwimmen die Grenzen zwischen Realität, Phantasie und Traum. Dabei berührt Rafik Schami mit einem Augenzwinkern die spießbürgerliche Engstirnigkeit unserer Gesellschaft. In «Der Schmetterling» geht es um die unverbrüchliche Freundschaft zwischen zwei kleinen Raupen.

Es sind zwei Märchen voller Poesie und pfiffigem Witz, die der Autor mit dem ihm eigenen Charme seines Akzents erzählt. Bunte Bilder entstehen dabei im Kopf des Zuhörers, und man möchte immer weiter lauschen.

Ab 6 Jahre

Verlag: Patmos / Pläne 1986. MC Buch: Der Kameltreiber. In: Der erste Ritt durchs Nadelöhr. Neuer Malik-Verlag

Carola Zinner / Xaver Frühbeis: «Das brave Teufelchen».

Technisch hervorragend mit differenzierten Stimmen inszeniert. Wie hier die landläufige Meinung vom bösen Teufel auf den Kopf gestellt wird, das ist witzig und hintergründig zugleich.

Ab 6 Jahre

Verlag: «KID» Polyband 1998 (Bayerischer Rundfunk)

Weitere empfehlenswerte Märchenkassetten:

L. Frank Baum: «Der Zauberer von Oz». Folge 1–2.
Erzählt von Hans-Jürgen Schatz.

Deutsche
Grammophon
Kinderklassiker
Buch: Betz

F. Baumann: «Der Rattenfänger von Hameln».

Deutsche
Grammophon
1999
Buch: Betz

«Ali Baba und die vierzig Räuber».

Universal Music
1997
Buch: Delphin

Kinderliteratur und Geschichten für Kinder

Jill Barklem: «Brombeerhag im Sommer und auf ans Meer».

In Brombeerhag ist die Zeit stehengeblieben: Flinke Mäuse leben auf einer blühenden Wiese in den Tag hinein. Manfred Steffens Stimme scheint sie mit seinem unvergleichlichen Klang zum Leben zu erwecken. Er erzählt vom Frohsinn in Brombeerhag, vermittelt die Atmosphäre einer Sommerfrische. Unterbrochen wird die Schilderung von kleinen musikalischen Kompositionen.

Ab 6 Jahre

Verlag: Jumbo Neue Medien & Verlag 1999

James Matthew Barrie: «Peter Pan». Folge 1–2.

Wer kennt ihn nicht, den kleinen, eingebildeten und frechen Peter Pan, der am Tag seiner Geburt weglief, weil er hörte, was seine Eltern Großes mit ihm vorhatten. Er jedoch wollte nie erwachsen werden. So floh er ins Niemandsland zu den verlorenen Jungen und bewahrte sich für immer sein strahlendes, glucksendes Kinderlachen und seine Milchzähne. Aus Übermut überredet er eines Nachts die Geschwister Wendy, Michael und John, mit ihm zu fliehen ... Und es beginnt eine abenteuerliche Zeit.

Auf sehr unterschiedliche Art ist dieser Klassiker bereits bearbeitet worden, und immer wieder hat er Kinder fasziniert und begeistert. Manfred Steffen liest das Buch so lebendig und ausdrucksstark, daß die Figuren vor dem inneren Auge erstehen und der Roman in der Phantasie wie ein farbiger Film abläuft.

Ab 6 Jahre

Verlag: Karussell 1998 Buch: Thienemann

Gerd von Bassewitz: «Peterchens Mondfahrt».

Ab 5 Jahre

Verlag: Patmos 1999

Gerd Bassewitz' Klassiker liegt nun als wunderschönes Hörspiel vor. Peterchen und seine Schwester Anneliese fliegen mit dem Maikäfer Sumsemann zum Mond. Sie wollen ihm helfen, sein verlorengegangenes Beinchen wiederzubekommen. Diese traumhafte Erzählung, voll von Poesie und Musik, ist ein «Fall» für die ganze Familie. Der Erzähler Otto Sander begleitet die beiden Kinder mit viel Phantasie und Empathie auf ihrer Abenteuerreise.

Kirsten Boie: «Lena zeltet Samstag nacht».

Ab 6 Jahre

Verlag: Jumbo-Neue Medien & Verlag 1999
Buch: Oetinger

«Ach», denkt Lena, «es ist doch komisch, daß man an einem einzigen Abend ganz glücklich, unendlich traurig und am Ende wieder sehr glücklich sein kann!» Hier werden nicht nur die Abenteuer und Aufregungen beschrieben, die sich beim Zelten im Garten ergeben können. Zugleich werden die Gefühle und Empfindungen der kleinen Heldin von der Autorin nachvollziehbar und sensibel geschildert. Dies gibt der Lesung einen ganz besonderen Reiz. Kirsten Boie versteht es, einen individuellen Ton zu treffen, ohne in Sentimentalität abzugleiten.

Empfehlenswerte Hörkassetten

Franz-David Baumann / Barbara Bartos-Höppner: «Die Waldmaus macht einen Weihnachtsbesuch».

Die alte Fabel von der Feldmaus und der Stadtmaus ist hier neu erzählt. Der Erzähler Gregory M. Charamsa verleiht mit der Variationsbreite seiner Stimme dem grimmigen Kater ebenso Gestalt wie der ängstlich-kleinen Maus. Unterstützt wird er dabei von den kreativen Kompositionen des Panama-Ensembles, so daß man an dieser nicht nur zur Vorweihnachtszeit seine Freude hat.

Ab 5 Jahre

Verlag: Polygram 1998 (Deutsche Grammophon Junior)

Achim Bröger: «Mama, ich hol Papa ab!»

Nico holt seinen Papa jeden Nachmittag um 4 Uhr von der Arbeit ab. Was nun jeden Tag auf dem Weg passiert – das ist für den kleinen Nico spannend und aufregend zugleich. Und auch für seine «Übungsschwester», die er vorne in der Latzhose trägt und der er die Welt erklärt. Nico bekommt nämlich eine richtige Schwester, und da muß er doch wissen, wie er irgendwann mit ihr umzugehen hat.

Ein bezauberndes Hörerlebnis für die ganz Kleinen, besonders für jene, deren Mutter ein Baby erwartet. Das Buch von Achim Bröger fühlt sich authentisch in die Gedankenwelt und die vielen Fragen und Ängste von Kindern ein. Clemens von Ramin erzählt die Geschichte mit viel Verständnis für den kleinen Nico.

Ab 4 Jahre

Verlag: Uccello (Hörbuch für Kinder) 1999

Jean de Brunhoff: «Babar».

Ab 6 Jahre

**Verlag: Polygram
1999 (Deutsche
Grammophon
Junior)**

Seit den 30er Jahren haben die Bilderbücher vom kleinen Elefanten «Babar» Kultstatus. In Deutschland beginnt Babars Erfolgsgeschichte erst nach dem zweiten Weltkrieg. Aber heute sind die Abenteuer von Babar und seiner Frau Celeste aus keinem Kinderzimmer mehr wegzudenken. Sie üben auf jüngere wie ältere Menschen eine ungeheure Faszination aus.

Die vorliegenden Kassetten stellen Babar und seine Familie vor. Es ist ein Vergnügen, den erstklassigen Schauspielern – alle bekannt aus Funk, Film und Fernsehen – zuzuhören. Hervorheben muß man Rolf Becker, durch dessen Stimme Babar eine liebenswerte Ausstrahlung erfährt. Ein Hörspiel für die ganze Familie.

Eric Carle / U. Maske: «Die kleine Raupe Nimmersatt und andere Geschichten».

Ab 4 Jahre

**Verlag: Jumbo
Neue Medien &
Verlag 1998
Buch:
Gerstenberg**

Manchmal hat man keine Lust, seinem Kind zum tausendsten Mal den Hit «Die kleine Raupe Nimmersatt» vorzulesen! Eine kleine Entlastung für solche Tage bietet nun Rolf Nagels CD. Ruhig und liebevoll liest er eine Auswahl der schönsten Tiergeschichten von Eric Carle vor. Verträumte Musik gibt dem Kind Zeit und Raum, die Bilder seiner Lieblingsbücher dabei zu betrachten.

Charles Dickens: «Der Weihnachtsabend».
Bearbeitet von Helmuth von Cube.

Ein lebendig inszeniertes Hörspiel über den geizigen Menschenfeind Scrooge, der am Weihnachtsabend von den Geistern längst Verstorbener heimgesucht wird. Sie konfrontieren ihn mit Ereignissen aus seinem Leben. Auf schmerzhafte Weise begreift er, daß er mit seinem Verhalten andere und sich selbst unglücklich gemacht hat.

Anschaulich führt der Erzähler Wolfgang Büttner durch die einzelnen Szenen, sparsam eingesetzte Musik unterstreicht die Stimmung. Ein besinnliches Hörstück für die Weihnachtszeit.

Ab 8 Jahre

Verlag: Aktive Musik / igel records 1998

Michael Ende: «Filemon Faltenreich oder Die Fußballweltmeisterschaft».

Filemon Faltenreich kam oft jahrelang mit einem einzigen Gedanken aus. Er war Philosoph. Ein Schwarm Fliegen forderte Filemon zum Fußballmatch heraus. Wegen seines großen Rüssels schien er ihnen der einzig würdige Gegner zu sein. Eine Eintagsfliege komponierte sogar eine Fußballhymne. Der Trubel nahm seinen Lauf – nur Filemon Faltenreich merkte gar nichts von dem Spektakel um ihn herum. Er war in philosophische Gedanken versunken und glücklich.

Michael Endes Hörspiel ist ein hintersinniges Gleichnis über die Wichtigtuerei von Massen und die Selbstbeschränkungen des einzelnen. Zwischen den Dialogszenen gibt es lange, wunderbar beschauliche Musikpassagen, die Zeit zum Träumen lassen oder zum Überdenken des Gehörten. Eine traumhaft schöne Kassette, für große und kleine Menschen gleichermaßen zu empfehlen.

Ab 8 Jahre

Verlag: Deutsche Grammophon Junior 1984. MC Buch: Thienemann

Michael Ende: «Momo und ihre Freunde (1).
Momo und die grauen Herren (2).
Momo und die Stundenblumen (3)».
Bearbeitung: Anke Beckert.

Ab 8 Jahre Zusammen mit ihren besten Freunden Beppo Straßenkehrer und Gigi Fremdenführer sagt Momo den grauen Herren, die den Menschen die Zeit stehlen, den Kampf an. Die grauen Herren nehmen Momos Verfolgung auf, aber die Schildkröte Kassiopaia leitet Momo sicher durch alle Gefahren zu Meister Hora. Inzwischen haben die grauen Herren Beppo und Gigi auf ihre Weise ausgeschaltet. Momo kennt sich nach ihrer Rückkehr von Meister Hora nicht mehr aus, auch die Kinder sind plötzlich verschwunden. Sie ist ganz allein. Genau das haben die grauen Herren beabsichtigt ...

Verlag: Karussell MC
Buch:
Thienemann
1973/1988,
dtv 10958

Behutsam wurde Michael Endes Buch gekürzt, so daß die Poesie der Geschichte erhalten bleibt. Das Hörspiel ist spannend inszeniert, die Dialoge sind fesselnd gesprochen – besonders beeindruckend Irina Wanka als Momo. Die Geräusche sind sparsam und geschickt eingefügt oder unterlegt. Eine wunderbare Aufnahme, an der auch Erwachsene ihre Freude haben werden.

Hans Fallada: «Geschichten aus der Murkelei».

Ab 5 Jahre (s. Hörbuch-Bestenliste, S. 130)

Empfehlenswerte Hörkassetten

Anne Frank: «Das Tagebuch der Anne Frank».
Texte und Szenen, eingerichtet von Marei Obladen.

Anne Frank, ein 13jähriges jüdisches Mädchen, versteckte sich zwei Jahre lang in einem Hinterhaus in Amsterdam. Sie lebte dort auf engstem Raum mit ihren Eltern, der Schwester und anderen Verfolgten, bis man sie entdeckte und in das Konzentrationslager Bergen-Belsen abtransportierte. In ihrem Tagebuch setzte sich Anne ungewöhnlich reif und reflektiert mit ihrer Situation und den daraus resultierenden zwischenmenschlichen Problemen auseinander.

In der vorliegenden Dramatisierung wurde der Text gestrafft. Dadurch gewinnt er noch an Intensität. Zwischen den einzelnen Tagebuchpassagen sind Szenen eingeblendet, die die Schrecken der Judenverfolgung und -vernichtung durch den Faschismus verdeutlichen. Der Hörer kann sich so in die Ängste und die Leiden der verfolgten und gequälten Menschen versetzen und den Wahnsinn der Hitlerzeit begreifen.

Ab 10 Jahre

Verlag: Deutsche Grammophon Junior. MC
Buch: Fischer Taschenbuch 77

Cornelia Funke: «Die wilden Hühner».

Wer «null Bock» auf die Lektüre des Buches hat, der kann es sich auf diese Weise zu Gemüte führen. Die Autorin liest so farbig und anschaulich, schlüpft mit ihrer Stimme in die unterschiedlichsten Persönlichkeiten, daß der Eindruck entsteht, man wohnte einem Hörspiel bei. Die vergnügliche Geschichte von Sprotte und ihrer «Hühnerbande» strotzt nur so vor Lebendigkeit und Abenteuerlust.

Ab 10 Jahre

Verlag: Jumbo Neue Medien & Verlag 1998.
Buch: Dressler

Peter Härtling: «Das war der Hirbel».

Hörspiel von Nikolas Dammeier nach dem gleichnamigen Buch.

Ab 8 Jahre

*Verlag: Schwanni
1991. MC
Buch:
Beltz & Gelberg,
dtv 7321*

Hirbel lebt in einem Kinderheim, weil niemand mit ihm klarkommt, weder seine Mutter noch die Pflegeeltern. Seinen Vater hat er nie kennengelernt. Er tut merkwürdige Dinge: hypnotisiert Hühner, mischt eine Schafherde auf oder verkriecht sich in einem Schrank, weil er sich dort sicher fühlt. Hirbel kann nicht lesen oder schreiben, jedoch wunderschön singen. So singt er seine Phantasien, seine Ängste, seine Träume und Gefühle in die Welt hinaus.

Das Hörspiel orientiert sich sehr stark an der Romanvorlage. Sparsam wird mit Geräuschen und Musik gearbeitet. Hirbels Gesang leitet die Hörer wie ein roter Faden durch das Geschehen. In eindringlichen Dialogen wird die Atmosphäre im Heim wirklichkeitsnah und ohne falsche Emotionen gezeichnet. Der Schluß bleibt offen und bietet Impulse zur Diskussion.

Peter Härtling: «Jette».

Ab 6 Jahre
Buch:
Beltz & Gelberg

(s. Hörbuch-Bestenliste, S. 132)

Empfehlenswerte Hörkassetten

Peter Härtling: «Oma».

Kalles Eltern sterben bei einem Unfall. Für Oma ist schnell
klar: Der Junge kommt zu mir. Das gestaltet sich nicht einfach: Das Geld ist knapp, und Oma ist so anders als die Eltern: Einerseits schließt sie sich im Bad ein, andererseits steht
sie am Fußballfeld und jubelt Kalle zu. Kalle und Oma können streiten und sich wieder vertragen. Oma darf nicht sterben – das gibt es nicht bei Oma, und Kalle ist Omas beste
Medizin.

Ein sehr einfühlsam gemachtes Hörspiel, das besonders
von der schauspielerischen Kraft Lina Carstens' lebt. Aber
auch Kalle nimmt man den fürsorglichen Jungen wie das
kleine Rauhbein ab, das sich gerne im Hof rauft. Die verbin-
denden Worte spricht ein Erzähler mit Zurückhaltung und
am Buch orientiert.

Ab 8 Jahre

*Verlag: Deutsche
Grammophon
Junior 1977. MC
Buch:
Beltz & Gelberg*

Weitere empfehlenswerte Kassetten
von Peter Härtling:

«Ben liebt Anna». schumm sprechende bücher, 1998
«Krücke». schumm sprechende bücher

Gert Haucke: «Mops und Moritz. Mopsaden oder Eine dicke Freundschaft». Folge 1–3.

Ab 7 Jahre

Verlag: Polygram 1993 (Deutsche Grammophon Junior). 3 MC Buch: rororo (rotfuchs 674)

Moritz liebt den Mops der «Antiqueten»-Händlerin und darf ihn täglich ausführen. Dann ziehen die Eltern mit ihm aufs Land, und er soll einen eigenen Mops bekommen – wenn die Möpsin gemopst hat. Dieser Mops mit dem Namen Mops ist genauso verrückt wie sein Herrchen Moritz. Die fröhlich-frechen Erlebnisse dieser beiden werden aus der Perspektive des aufgeweckten Jungen erzählt. Moritz beobachtet die Widersprüchlichkeiten der Erwachsenen messerscharf und reflektiert darüber mit naiver Ernsthaftigkeit und unfreiwilliger Komik. Gelegentlich gerät er ins Philosophieren, wenn er feststellt, daß die Zeit stehenbleibt, sobald man sie beobachtet.

Der bekannte Schauspieler Gert Haucke liest die aufregenden und komischen Episoden atemlos und voller Charme, so wie ein Kind sie erzählen würde. Ganz nebenbei erhält der Zuhörer bemerkenswerte Einblicke in die menschliche und «tierische» Psychologie. Kurze Zwischenmusiken und eine ausführliche Ankündigung des nächsten Kapitels geben Zeit zur Besinnung und stimmen auf neue Episoden ein.

Helme Heine: «Drei kleine Freunde».

Franz von Hahn, Johnny Mauser und der dicke Waldemar leben auf Mullewapp und sind unzertrennliche Freunde. Sie fahren zusammen auf ihrem Fahrrad – Franz von Hahn oben auf der Lenkstange, Johnny Mauser tritt das eine Pedal und der dicke Waldemar das andere. Wenn sie pinkeln müssen, müssen sie natürlich gemeinsam. Und wenn sie Hunger haben und der Kirschbaum zu hoch ist, machen sie es wie die Bremer Stadtmusikanten – nur umgekehrt: Johnny Mauser hockt unten, darauf krallt Franz von Hahn, und oben thront der dicke Waldemar und pflückt die Kirschen, so schnell er kann.

Ab 5 Jahre

Verlag: Deutsche Grammophon Junior 1986. MC Buch: Middelhauve 1982

Das bezaubernde Buch von Helme Heine wird von Dietmar Moes so hinreißend gelesen, daß die Figuren lebendig vor dem Zuhörer erscheinen. Die Erzählung ist ein Plädoyer für die Freundschaft. Kinder können sich in ihrem täglichen freundschaftlichen Miteinander wiederfinden – egal, ob Gefühle, Wünsche, Streitereien oder Eifersüchteleien angesprochen werden. Mozarts Divertimento B-Dur trennt die einzelnen Kapitel und gibt Raum zur Besinnung.

Weitere empfehlenswerte Kassetten von Helme Heine:

«Freunde». Aktive Musik/igel records 1997
«Der Hase mit der roten Nase». DHV Der Hörverlag 1996

Kurt Held: «Die rote Zora und ihre Bande».

(s. Hörbuch-Bestenliste, S. 133)

Ab 8 Jahre

Kinderliteratur und Geschichten für Kinder

Janosch: «Geschichte vom alten Popov».

Ab 5 Jahre

Onkel Popov lebt in einem kleinen weißen Haus, das sieben Sonnenblumenstiele lang und fünf breit ist. Aber es hat Platz genug für einen mittelgroßen Hasen, wilde Bienen und einen Kleiber, die alle mit Onkel Popov unter einem Dach wohnen.

Verlag: Polygram (Deutsche Grammophon Junior) 1989. Hörfest. MC Buch: dtv junior 7050 «Onkel Popov kann auf Bäume fliegen»

Er kann sie alle verstehen, pfeift die Rotkehlchensprache und kann lesen, was die Raben mit ihren Flügeln an den Himmel kratzen. Eines Tages lädt der Kleiber ihn ein, mit ihm zum Luftschloß zu kommen. Dafür muß das Onkelchen fliegen lernen ...

Das bezaubernde Buch von Janosch wurde ausgezeichnet in Szene gesetzt, so daß es nichts von seinem ursprünglichen Charme verliert. Die einzelnen Geschichten sind in sich geschlossen und werden von Dietmar Moes farbig und lebendig erzählt. Sparsam eingesetzte Geräusche und konzertante Bartók-Musik machen die Kassette zu einem Hörvergnügen für kleine Leute.

Weitere Kassetten von Janosch:

Alle: Deutsche Grammophon Junior. Hörfest. MC

«Der Josa mit der Zauberfidel» mit Charles Brauer. Musik: Charlotte Niemann

«Die Fidelgrille und der Maulwurf»

«Lari Fari Mogelzahn»

«Hannes Strohkopp und der unsichtbare Indianer»

Erich Kästner: «Emil und die Detektive».

Der neunjährige Emil sitzt im Zug nach Berlin. Er will seine Großmutter und die Cousine Pony Hütchen besuchen. Mit ihm im Abteil fährt der aufdringliche Herr Grundeis. Emil hat sein Geld mit einer Nadel in der Jackentasche festgesteckt, weil er große Angst vor Dieben hat. Krampfhaft versucht er, sich wach zu halten ... Als er wieder aufwacht, ist Herr Grundeis weg und sein Geld auch. In Berlin auf dem Bahnsteig entdeckt Emil ihn plötzlich wieder in der Menschenmenge. Bei der Verfolgung gewinnt er Freunde, die ihm helfen, das Abenteuer zu einem guten Ende zu bringen.

Wie viele andere Kästner-Kassetten erlebt auch diese eine Wiederauflage im «Hörfest»-Programm der Deutschen Grammophon. Hervorragende Schauspieler (Heinz Reincke als Erzähler, Helmut Peine, Manfred Steffen, u. a.) machen das sparsam mit Musik und Geräuschen ausgestattete Hörspiel zu einem spannenden Hörvergnügen.

Ab 6 Jahre

Verlag: Deutsche Grammophon Hörfest. MC Buch: Dressler

Erich Kästner: «Als ich ein kleiner Junge war».

(s. Hörbuch-Bestenliste, S. 134)

Ab 7 Jahre

Buch: Dressler

Erich Kästner: «Die Konferenz der Tiere».

Bearbeitet von James Krüss.

Ab 8 Jahre

Verlag: Karussell
1993. MC/CD
Buch: Dressler

Aus allen Ecken der Welt strömt es zum Hochhaus der Tiere. Der Löwe Alois hat eine Konferenz einberufen, um zu beraten, wie man die Politiker bewegen kann, endlich die Probleme dieser Erde zu bewältigen. Ehrengäste sind die Kinder, denn um die Zukunft dieser kleinen Menschen geht es den Tieren auf ihrer Konferenz. Zur gleichen Zeit findet in Kapstadt die 87. Konferenz der Menschen statt. Die Tiere stellen den Menschen ein Ultimatum nach dem anderen, erfolglos. Bis Oskar, der Elefant, den rettenden Einfall hat ...

Der Kinderfreund Kästner führt in seiner Satire auf die Weltpolitik die Sinnlosigkeiten vieler Konferenzen vor und verbindet sie gleichzeitig mit einem leidenschaftlichen Appell gegen Krieg, Aufrüstung, Bürokratie. Die adäquate Hörspielfassung von James Krüss ist mit hervorragenden Schauspielern aus dem legendären Gründgens-Ensemble der sechziger Jahre besetzt. Sparsam werden Musik und Geräusche eingesetzt, was die Ausdruckskraft der Sprecherstimmen noch hervorhebt. Ein Hörvergnügen für Kinder und Erwachsene gleichermaßen.

Erich Kästner: «Pünktchen und Anton».

Bearbeitet von Kurt Vethake.

Ab 6 Jahre

Buch: Dressler

(s. Hörbuch-Bestenliste, S. 135)

Von Erich Kästner gibt es noch viele weitere Kassetten, die in der Regel sorgfältig ediert sind. Erkundigen Sie sich im Handel.

Helmut Kollars: «Es war einmal ein Zauberer Ganzallein. Der vergessene Zauberspruch».

Der Zauberer «Ganzallein» lebte mit seinem roten Drachen völlig allein. Er hatte die Welt bereist, aber überall langweilte er sich. Da tauchte eines Tages ein fremder Zauberer mit einer kleinen grünen Maus auf. Die beiden Zauberer konnten sich nicht ausstehen. Aber nach vielen Streitereien gibt es ein Happy-End.

Ab 4 Jahre

Verlag: Jumbo Neue Medien & Verlag 1998

Witzige kleine Geschichten über das Streiten und die Versöhnung – untermalt von verträumter Musik und phantasievollen Geräuschen. Die Geschichten werden von Manfred Steffen ausdrucksstark erzählt.

Irina Korschunow: «Die Wawuschels mit den grünen Haaren». Bearbeitet von Egon L. Frauenberger.

Die winzig kleinen Wawuschels mit den grasgrünen Haaren wohnen in einem Berg und essen für ihr Leben gern selbstgekochte Marmeladen. Doch eines Tages bebt der Berg, und ihr Herd zerspringt in tausend Teile. Ein gutmütiger feuerspeiender Drache versucht zu helfen, doch es klappt nicht so recht. Nun machen sich Wischel und Wuschel, die beiden Sprößlinge, auf die Wanderschaft, um zu ergründen, woher das Beben rührt.

Ab 5 Jahre

Verlag: Deutsche Grammophon für Kinder 1973. MC (nur noch in Bibliotheken) Buch: dtv junior 7164

Die Wawuschels – durch Funk und Fernsehen vielen Kindern bekannt – sind ein putziges Völkchen, das lustige und spannende Abenteuer erlebt. Das Kinderbuch von Irina Korschunow wurde hier in Dialogszenen mit viel Lautmalerei, Geräuschen und Musik unterhaltsam umgesetzt. Ein Erzähler führt durch die Geschichte.

Irina Korschunow: «Kleiner Pelz».

Ab 4 Jahre

Verlag: schumm sprechende bücher 1996 Buch: dtv

Kleiner Pelz streift allein durch den Wald, traurig, weil sein bester Freund weggezogen ist. Da entdeckt er ein grünes Tor, durch das er in eine phantastische Traumwelt gelangt, in der er nicht mehr allein ist.

Eine wunderschöne Märchengeschichte über das Allein-sein, von verlorener und wiedergefundener Freundschaft, einfühlsam und mit modulationsreicher Stimme gelesen.

Guus Kuijer: «Erzähl mir von Oma».
Bearbeitet von Marei Obladen.

Ab 8 Jahre

Verlag: Deutsche Grammophon Junior 1983. MC Buch: Oetinger, Ravensburger Taschenbuch 1560

Maslief ist erstaunt, daß ihre Mama nicht traurig ist über den Tod ihrer Mutter. Sie weicht den Fragen des kleinen Mädchens aus. Der Großvater jedoch beginnt zu erzählen. Realistisch und ehrlich zeichnet er das Bild der Großmutter. In intensiven Zwiegesprächen mit Maslief reflektiert er die Beziehung zu seiner Frau, gewinnt Klarheit und vermittelt diese auch der Enkelin.

Ein sehr anrührendes Hörspiel, das sich ohne Pathos mit dem Tod auseinandersetzt. Die Sprechrollen sind hervorragend besetzt, besonders das Mädchen spricht sehr natürlich und einfühlsam. Die Dialogszenen sind dicht und gleiten trotz der heiklen Thematik nicht ein einziges Mal ins Sentimentale ab. Geräusche werden sehr sparsam eingesetzt, die einzelnen Szenen sind mit Musik aus Sergej Prokofjews «Peter und der Wolf» verbunden. Eine außerordentlich empfehlenswerte Kassette.

Selma Lagerlöf: «Die wundersame Reise des kleinen Nils Holgersson mit den Wildgänsen».

Wer kennt ihn nicht, den kleinen Nils Holgersson, der wegen seiner Bosheit in einen Wichtel verwandelt wird. Auf dem Rücken eines Gänserichs geht er auf eine wundersame Reise, lernt die Tiere endlich lieben und achten und erlebt die geheimnisvollsten Abenteuer. Peter Striebeck liest das Märchen von Selma Lagerlöf einfühlsam und mit großer Variationsbreite, so daß der hinterlistige Fuchs Smirre, die alte, vornehme Graugans Akka und all die anderen Tiere im Kopf der Zuhörer zu lebenden Bildern werden.

Ab 6 Jahre

Verlag: Der Hörverlag 1997

Marjaleena Lembcke: «Der Sommer, als alle verliebt waren».

Alle sind verliebt, denen Leena begegnet. Sogar ihr Bruder Matti. Und Leena selbst verliebt sich auch.

Eine bezaubernde Erzählung über die Ängste und Sehnsüchte auf der Schwelle von der Kindheit in die Welt der Erwachsenen. Die Sprache ist vielschichtig und lebendig, der Text wird einfühlsam und differenziert von Adela Florow vorgelesen. Die sparsamen Musikpassagen unterstützen das gesprochene Wort überzeugend. Ein Hörerlebnis für Heranwachsende und Erwachsene gleichermaßen.

Ab 10 Jahre

Verlag: Jumbo Neue Medien & Verlag 1998 Buch: Nagel & Kimche

Marjaleena Lembcke: «Als die Steine noch Vögel waren».

(s. Hörbuch-Bestenliste, S. 137)

Ab 9 Jahre

Astrid Lindgren: «Mio, mein Mio».
Hörspiel von Günter Siebert.

Ab 7 Jahre

Verlag: Deutsche
Grammophon
Hörfest. MC
Buch: Oetinger

Endlich ist Mio im Land der Ferne. Früher war er das Waisenkind Bosse, das bei Pflegeeltern aufwuchs. Die waren böse zu ihm, schalten ihn von morgens bis abends, und er war unglücklich. Eines grauen Tages brachte ihn ein merkwürdiger Zufall auf geheimnisvolle Weise ins Land der Ferne zu seinem Vater, dem König. Der hatte schon lange auf ihn gewartet, genauso wie Jum-Jum und die vielen anderen lieben Menschen dort. In diesem wunderbaren Land ist es wie im Paradies, wenn nicht der grausame Ritter Cato wäre ...

In Astrid Lindgrens anrührendem Märchen verwischen sich die Grenzen zwischen Realität, Tagträumereien und Phantasie. Es spiegelt die Sehnsucht eines unglücklichen Kindes nach Geborgenheit und Liebe. Das Hörspiel bleibt auch in den Dialogszenen dicht am Text. Musik ist sparsam eingesetzt, so daß die Vorlage nichts von ihrem Zauber verliert. Ein Remake von 1955 mit Volker Lechtenbrink in der Titelrolle.

Astrid Lindgren: «Madita und Pims».
Hörspiel von Wolfgang Buresch.

Madita wohnt mit ihrer kleinen Schwester Pims, Vati, Mutti und Alva, dem Dienstmädchen, in Birkenlund. So heißt das hübsche, rote Haus unten am See. Vati fährt jeden Tag in die Stadt, er ist Redakteur bei einer Zeitung, Madita geht gewöhnlich in die Schule. Heute nicht, denn heute ist Walpurgisnacht, und die wird in Schweden besonders gefeiert. Mit einem großen Feuer und mit Zuckerkringeln.

Heiter, fröhlich, eher konventionell zeichnet Astrid Lindgren hier den schwedischen Alltag der zwei kleinen Mädchen. Hin und wieder schleichen sich vorsichtig sozialkritische Töne ein, denn der Vater ist Sozialist. Beschaulich führt Manfred Steffen als Erzähler durch das Hörspiel, das in den Dialogen abwechslungsreich und ansprechend inszeniert ist, sparsam unterbrochen von Musik.

Ab 5 Jahre

Verlag: Deutsche Grammophon Hörfest. MC Buch: Oetinger

Weitere empfehlenswerte Lindgren-Kassetten:

«Die Brüder Löwenherz». Folge 1–2.
Deutsche Grammophon Junior. Hörfest. MC
«Ronja Räubertochter». Folge 1–2.
Deutsche Grammophon Junior, Hörfest. MC
«Karlsson» – Geschichten. Astrid Lindgren erzählt.
Deutsche Grammophon Junior. Hörfest. MC
«Rasmus». Folge 1–2.
Deutsche Grammophon Junior, Hörfest. MC
«Kalle Blomquist». Folge 1–2.
Deutsche Grammophon Junior. Hörfest. MC
Und viele andere.

Mira Lobe: «Das kleine Ich bin ich».

Ab 4 Jahre

Ein kleines, buntes Fabelwesen ist auf der Suche nach der eigenen Identität. Verunsichert und mutlos läuft es von Tier zu Tier, aber niemand kann ihm helfen. Bis es sein Spiegelbild erkennt und entdeckt: Ich bin ich. Jetzt wird es auch von anderen Tieren akzeptiert.

Verlag: Jumbo Neue Medien & Verlag 1998 Buch: Jungbrunnen

Die eingängigen Reime – ebenso phantasievoll wie abwechslungsreich – sind mit Musik untermalt. Sie werden nicht nur die junge Zuhörerschaft unterhalten und zum Träumen bringen.

Mira Lobe: «Die Omama im Apfelbaum».

Ab 6 Jahre

Andy sehnt sich nach einer Omama. Plötzlich sitzt sie in seinem Lieblingsversteck im Apfelbaum neben ihm und stellt alles in den Schatten, was er sich von einer Omama erträumt hat. Und zwei Tage später bekommt er sogar noch eine zweite, die seine kühnsten Erwartungen übertrifft.

Verlag: Jumbo Neue Medien & Verlag 1998

Einfühlsam liest Proschat Madani die Geschichte des kleinen Andy. Die Erzählung wird von phantasievoller Musik unterstützt.

Sebastian Lybeck: «Latte Igel».
Bearbeitet von Charlotte Niemann.

Der Wald droht auszutrocknen. Latte Igel macht sich auf, um den Wasserstein zu beschaffen. Viele Gefahren lauern auf der Wanderung auf ihn. Das Eichhörnchen Tjum steht ihm zur Seite. Gegenseitig machen sie sich Mut, wenn die Situation aussichtslos erscheint. Diese abenteuerliche Reise liest P. Lieck sehr lebendig. Durch sparsam eingesetzte Musik gewinnt die Aufnahme noch an Intensität.

Ab 6 Jahre

Verlag: Aktive Musik / igel records 1998 Buch: Thienemann, dtv 1990

Paul Maar: «Eine Woche voller Samstage».
Bearbeitet von Kurt W. Vethake. Folge 1–2.

Jeder Wochentag hat Herrn Taschenbier etwas beschert: der Sonntag Sonne, der Montag Mohnblumen, der Dienstag Dienst, der Mittwoch die Mitte der Woche, der Donnerstag Donner, der Freitag frei ... doch was wird der Samstag wohl bringen? Das Sams natürlich, ein freches rothaariges Geschöpf mit Knollennase, das Herrn Taschenbiers Leben ganz schön durcheinanderwirbelt. Das Sams nistet sich bei ihm ein, und über Langeweile kann Herr Taschenbier ab sofort nicht mehr klagen. Ob seine Zimmerwirtin, Frau Rotkohl, allerdings mit dem neuen Untermieter einverstanden ist?

Genauso unkonventionell und frech wie die Sprüche des kleinen Sams, ist das Hörspiel vom Puppentheater «Die Kullerköpfe» inszeniert. Die Dialoge sind lebhaft und abwechslungsreich in den Stimmen, sparsam der Einsatz des Erzählers und ansprechend die Musik.

Ab 5 Jahre

Verlag: Deutsche Grammophon für Kinder 1990. MC Buch: Oetinger

Weiterer Titel von Paul Maar:
«Am Samstag kam das Sams zurück».

Gudrun Mebs: «Sonntagskind».
Hörspiel.

Ab 7 Jahre

Verlag: Deutsche Grammophon Junior 1986. MC Buch: Sauerländer

Ein Sonntagskind ist ein Kind, das am Sonntag eine Mutter hat, und gerade die hat das kleine zehnjährige Mädchen im Waisenheim nicht. Eines Tages jedoch soll auch sie eine Sonntagsmami bekommen. Das Mädchen malt sie sich aus in seiner Phantasie, aber dann kommt Ulla und entspricht so gar nicht ihren Vorstellungen. Sie freunden sich trotzdem an, doch eines Sonntags bleibt Ulla weg ...

Einfühlsam bleibt das Hörspiel dicht am Text. Die Stimmungen, Gefühle, Zwiespältigkeiten des Heimkindes werden als innerer Monolog des Mädchens wiedergegeben. Dazwischen sind Spielszenen eingestreut und lockern das Ganze auf, unterbrochen von Musiksequenzen. Entscheidend bleibt jedoch die Thematik des Buches, mit der sich das Hörspiel reflektierend auseinandersetzt.

Jörg Müller / Jörg Steiner: «Menschen im Meer».
Hörspiel, bearbeitet von Marei Obladen. Musik: Birger Heymann.

Wenn der rote Sonnenstein im Meer versinkt, haben «die Menschen im Meer gegen das Gesetz des Lebens gehandelt, und die Inseln werden untergehen». Diese Prophezeiung droht bittere Wahrheit zu werden, nachdem der reiche und machtbesessene Herrscher einer Insel Menschen und Natur hemmungslos ausgebeutet hat. Der Tatkraft und Toleranz einiger friedliebender Menschen ist es zu verdanken, daß sich letztlich doch alles zum Guten wendet.

Aus der Bilderbuchparabel ist ein eindrucksvolles Hörspiel geworden. Die Sprecher sind ausgezeichnet, einzelne Szenen werden durch Chorgesänge noch eindringlicher. Geräusche vertiefen die imaginären Bilder, und die Musik entführt den Hörer in märchenhaft-himmlische Gefilde. Es ist ein echtes Kunstwerk entstanden, das zum Nachdenken anregt.

Ab 8 Jahre

Verlag: Deutsche Grammophon Junior. MC Buch: Sauerländer

Ulf Nilsson: «Der stärkste Mann von Blekinge».
Regie: Charlotte Niemann. Zwei Folgen.

Ab 10 Jahre

*Verlag: Polygram
1990. Deutsche
Grammophon
Junior. MC
Buch: rororo
(rotfuchs 594)*

Der stärkste Mann von Blekinge heiratet die schönste Frau, und sie bekommen «das bemerkenswerte Kind». In diesem Selbstverständnis wächst der Sohn auf, ohne dabei zu bemerken, daß die Wirklichkeit ganz anders ist. Der baut sich ein Boot und schmuggelt Alkohol, um die zerfallene Burg, in der sie wohnen, herrlich herzurichten. Aber am Ende der ersten Schmuggeltour wird er gefaßt und vor den Augen seines entsetzten Sohnes abgeführt.

In der zweiten Folge sind Mutter und Sohn allein und haben nichts mehr zu essen. Die Mutter fährt in die Stadt, um für reiche Leute zu nähen. Der Sohn bleibt allein und hungrig zurück. Der Pfarrer bringt ihn in die Gießerei, wo er unter unmenschlichen Bedingungen Arbeit verrichten muß. Er flieht, seine Verfolger sind ihm auf den Fersen, und: «Das Wunder geschieht» ...

Das Hörspiel vermittelt eine starke innere Kraft und läßt sich, da die Personen keine Namen haben, gut verallgemeinern. Der Ich-Erzähler führt in seine Kindheit – die Zeit der beginnenden Industrialisierung – zurück. Dialogszenen sind in die wunderschöne, poetische Sprache eingeblendet. Musik und Geräusche unterstützen die gelungene Produktion.

Christine Nöstlinger:
«Wir pfeifen auf den Gurkenkönig».
Bearbeitet von Chris Bohlmann.

Eines Tages fällt der widerwärtige Gurkenkönig Kumi-Ori bei der Familie Hoffmann ein. Er hockt in der Küche und beansprucht Aufmerksamkeit und Nestwärme. Dafür stiftet er Unfrieden und Zwietracht und weckt falsche Erwartungen. Plötzlich merken alle, daß sie gar keine normale Familie sind, weil sie sich vom Papa terrorisieren lassen. Und Papa ist auch der einzige, der mit dem Gurkenkönig klarkommt. Bis auch er endlich merkt, was es mit dem kleinen Eindringling auf sich hat ...

Das hintersinnige Buch von Christine Nöstlinger ist hier konventionell, aber ansprechend und hörspielgerecht in Szene gesetzt. Der kindliche Ich-Erzähler führt durch das Geschehen, als wären die zum Teil absurden Ereignisse völlig selbstverständlich. Auch die anderen Sprechrollen sind ausgezeichnet besetzt, Musik und Geräusche werden sparsam eingesetzt.

Ab 8 Jahre

Verlag: Schwann 1982 (Patmos). MC Schwanni. Buch: Beltz & Gelberg, rororo (rotfuchs 153)

Weitere empfehlenswerte Kassetten von Christine Nöstlinger:

«Einer». Deutsche Grammophon 1973
«Die feuerrote Friederike». Jumbo Neue Medien & Verlag 1996
«Das Austauschkind». Jumbo Neue Medien & Verlag 1996
und andere

Otfried Preußler: «Krabat».
Ein Roman, gelesen vom Autor. Folge 1–3.

Ab 10 Jahre Krabat ist ein Bettlerjunge aus dem Wendland. In intensiven Träumen hört er, wie sein Name gerufen wird. Er folgt dem Ruf und gelangt zu einer Mühle, bei der er sich als Müllerbursche verdingt. Der Müller ist ein Meister der Schwarzen Magie. Krabat kommt erst nach und nach dahinter, sucht sich dann aber aus den Fängen der verderblichen Zauberkunst zu befreien. Dies gelingt ihm am Ende durch die Kraft der Liebe.

Verlag: Karussell 1993. Spektrum Junior Buch: Thienemann, dtv 2540

In diesem spannenden Roman verflechten sich Realität und Motive der Volkssagen zu einer Handlung von unheimlicher Intensität und Dichte. Die Sprache ist einfach, die Komposition klar und von magischer Eindringlichkeit, so daß dieses Buch junge und erwachsene Menschen gleichermaßen zu fesseln vermag. Ohne Schnörkel, mit ausdrucksstarker Stimme liest Otfried Preußler seinen Roman. Dabei läßt er manche Kapitel aus, faßt einige Stellen zusammen, was aber den Fortlauf der Handlung und den Gesamteindruck nicht im geringsten beeinträchtigt. Das Zuhören macht Spaß und ermuntert, den ganzen Roman selbst zu lesen.

Weitere empfehlenswerte Kassetten von Otfried Preußler:

«Die kleine Hexe». 1.–3. Folge. Ab 5 Jahre. Karussell
«Der Räuber Hotzenplotz». Folge 1–6. Ab 5 Jahre. Karussell
und andere

Antoine de Saint-Exupéry: «Der kleine Prinz».

«Der kleine Prinz war der erste, der meine Zeichnung erkannte. Alle hatten in ihr nur einen Hut gesehen. Er entdeckte den Elefanten, der von einer Schlange verschluckt worden war. Ich traf den kleinen Prinzen mitten in der Wüste nach einer Notlandung. Nach und nach erfuhr ich, wo er herkam. Er war auf einem winzigen Planeten zu Hause, besaß dort drei Vulkane und eine Blume. Diese Blume liebte er, gleichwohl hatte er sie eines Tages verlassen und war auf die Erde gekommen. Dort hatte er einen Fuchs gezähmt, der hatte ihm dafür ein Geheimnis anvertraut: Man sieht nur mit dem Herzen gut, das Wesentliche ist für die Augen unsichtbar.»

Die Melancholie und die tiefe Weisheit dieses Märchens vermittelt der berühmte Schauspieler Will Quadflieg auf eindrucksvolle Weise. Das Werk ist nur unwesentlich verändert, so daß nichts von der Poesie der Sprache verlorengeht. Eine alte, sehr hörenswerte Aufnahme.

Ab 9 Jahre

Verlag: Deutsche Grammophon Junior 1959. MC Buch: Die Arche 1983 (und weitere Ausgaben)

Gerhard Schöne: «Der glattrasierte Weihnachtsmann».

Ab 7 Jahre

Der gute alte Weihnachtsmann ist amtsmüde und tief enttäuscht, daß die Kinder nur noch neumodische Wünsche haben. Kein Kind möchte mehr einen Gummiball oder ein Springseil. Da kommt eine Einladung von seiner Cousine Losietta Schnapsrosinchen, die ihn auf eine sonnige Insel mitnehmen will, gerade zur rechten Zeit. Die Geschäfte wird sein jüngerer Bruder übernehmen, der allerdings den Nachteil hat, Räuberhauptmann zu sein.

Verlag: Buschfunk 1997

Peppige Lieder ergänzen eine ungewöhnliche Inszenierung, die so gar nichts vom althergebrachten Weihnachtszauber hat. Aber den Kleinen wird's auf alle Fälle gefallen.

Maurice Sendak: «Higgelti Piggelti Pop oder: Es muß im Leben mehr als alles geben». Bearbeitet von Charlotte Niemann.

Ab 5 Jahre

Die Hündin Jenny hat alles und ist doch unzufrieden. So marschiert sie los, sie will Erfahrungen sammeln, damit sie in einem Theaterstück mitspielen kann. Jenny merkt, wie mühsam und gefährlich es ist, Erfahrungen zu sammeln. Weil sie ein gutes Herz hat, verliert sie zunächst alles, gewinnt dann aber letztendlich die Hauptrolle in Higgelti Piggelti Pop ...

Verlag: Aktive Musik / igel records 1997. MC Buch: Diogenes (detebe 25041)

Charlotte Niemann hat Sendaks Bilderbuchgeschichte in ein skurriles Hörspiel umgesetzt. Die Erzählung wird durch sparsam eingefügte Geräusche (Rassel, Glockenspiel, Xylophon) und Stimmen bildhaft aufgelockert und belebt. So ist aus Maurice Sendaks phantasievollem Bilderbuch ein ganz eigenständiges Hörstück geworden.

Isaac B. Singer: «Eine Kindheit in Warschau».
Hörspiel, bearbeitet von Marei Obladen. Folge 1–2.

In seinen Geschichten läßt Singer die Stätten seiner Kindheit auferstehen. Er beschreibt in klarer, einfacher Sprache das Leben im jiddischen Viertel von Warschau, die kleinen Händler, seine Freunde, seine Familie. Den tiefgläubigen Vater, einen Rabbi, die skeptische, lebenspraktische Mutter und den rebellierenden Bruder. Vor dem Hintergrund des jüdischen Lebens und Glaubens führt er die Zuhörer in eine vergangene Welt, voll tragikomischer Episoden. Den heraufziehenden Nationalsozialismus mit seinen Greueltaten beschreibt er mit sachlicher Distanz.

Ab 9 Jahre

Verlag: Polygram 1992 (Deutsche Grammophon Junior). MC Buch: dtv 10

Marei Obladen hat die Erinnerungen Singers zu einem lebendigen Hörspiel umgestaltet. Spielszenen, Geräusche und jiddische Lieder sind in die Erzählung, durch die Wolfgang Unterzaucher führt, eingefügt. So vermittelt diese Kassette über die persönlichen Eindrücke und Erfahrungen Singers hinaus auch ein Stück Zeitgeschichte, das Kinder und Erwachsene gleichermaßen anspricht.

Ulf Stark: «Kannst du pfeifen, Johanna?»

(s. Hörbuch-Bestenliste, S. 141)

Ab 5 Jahre

Uwe Timm: «Rennschwein Rudi Rüssel».
Eine spannende Geschichte in neun Szenen.

Ab 5 Jahre

Auf einer Dorfkirmes gewinnt Zuppi, die Jüngste der Familie, ein Ferkel. Sie faßt spontan Zuneigung zu dem Tier und nimmt es gegen alle Widerstände mit in ihr Zimmer in der Stadtwohnung. Besonders der Vater möchte Rudi Rüssel wieder loswerden. Aber konsequent betreibt Zuppi die Integration ihres Lieblings. Rudi wird zum Favoriten auf allen Schweinerennen. Als er am Ende das blaue Band von Egelsdorf gewinnt, ist sogar der Vater zum Rudi-Fan geworden.

Verlag: Aktive Musik / igel records 1992 Buch: Nagel & Kimche 1989

Mit trockenem Humor und Sinn für Situationskomik erzählt Uwe Timm die Geschichte vom Rennschwein Rudi Rüssel. Er beschreibt mit hintersinnigem Witz die Intrigen und erbitterten Kämpfe auf Rennveranstaltungen, so daß der Zuhörer aus dem Schmunzeln nicht herauskommt. Günther König liest das Buch, von wenigen, munteren Musikeinschüben unterbrochen, und läßt es zu einem amüsanten Hörerlebnis werden.

Weitere empfehlenswerte MC von Uwe Timm:

«Die Pirateninsel». Folge 1–2. Erzähler: Christian Graf u. a. Ab 6 Jahre. Verlag: Leuberg Edition 1992. MC Bambi. Buch: Nagel & Kimche
«Der Schatz auf Pagensand». Ab 6 Jahre. Aktive Musik / igel records 1996

Ingrid Uebe: «Der kleine Brüllbär».
Erzählt von Ernst-August Schepmann.

Der kleine Brüllbär mag es nicht, wenn seine Eltern abends ausgehen. Dann brüllt er, denn er fürchtet sich, wenn er allein ist. Er brüllt, wenn er Krach mit seinem Freund, dem Brummbären, hat oder zornig und böse auf die ganze Welt ist. Aber wenn die alte, liebe Zauberhexe oder die häßliche Kröte mit den wunderschönen goldgrünen Augen oder die Großmutter Säbelzahn ihm Geschichten erzählen, dann brüllt er nicht mehr.

Liebevoll und mit Humor wird in diesen Geschichten – von E.-A. Schepmann ausdrucksvoll erzählt – die kindliche Erlebniswelt ins Tierreich übertragen. Der kleine Zuhörer kann sich in den Ängsten und Freuden, Wünschen und Konflikten des kleinen Bären wiederfinden.

Weitere MC aus der Reihe: «Der kleine Brüllbar geht zur Schule». 1991

Dazu mehrere Bücher im Ravensburger Verlag, u. a.: «Der kleine Brüllbär feiert Weihnachten». «Der kleine Brüllbär und seine Schwester».

Ab 4 Jahre

Verlag: Schumm 1988. MC

Italienische Schriftsteller erzählen Geschichten für große und kleine Kinder.
Gelesen von Klaus Wagenbach.

Ab 7 Jahre

Verlag: Klaus Wagenbach 1999

Warum wurden der Mensch und der Hund Freunde? Weil keiner des anderen Fleisch mochte. «Paß auf!» sagte Mama zu ihrem zerstreuten Sohn, als er spazierengehen wollte. Giovanni versprach es, aber kaum war er auf der Straße, gab es so viel zu schauen und zu tun, daß er nicht bemerkte, wie er eine Hand verlor oder seine Ohren abfielen.

Viele lustige, skurrile und poetische Geschichten hat Klaus Wagenbach auf dieser CD versammelt. Meist spielen Kinder und Tiere die Hauptrolle. Und der Berliner Verleger, der einen seiner Programmschwerpunkte in italienischer Literatur hat, liest mit solcher Intensität vor, daß man merkt, wie wichtig ihm die jungen Zuhörer sind.

Ursula Wölfel: «Feuerschuh und Windsandale».
Hörspiel von Kurt W. Vethake.

Ab 6 Jahre

Verlag: Universal Music 1998 Buch: Thienemann

Tim möchte nicht mehr Tim sein. Er ist klein und dick und wird deswegen in der Schule stets gehänselt. Doch das macht ihm alles nichts mehr aus, als er auf seinem Geburtstagstisch zwei kleine rote Wanderschuhe und zwei große Sandalen entdeckt. Sein Vater, der ein Schuster ist, will mit ihm vier Wochen durch die Dörfer wandern, Schuhe flicken, im Stroh oder in Bauernhöfen schlafen. Da jubelt Tim, auch wenn er die Mutter solange allein lassen muß. Unterwegs – wenn er mal wieder traurig ist, weil er so dick ist oder nicht

reich oder, oder, oder ... erzählt der Vater ihm Geschichten, die ihn trösten, zum Lachen bringen oder ermutigen.

Die Geschichte wurde konventionell in Szene gesetzt: mit einem Erzähler, mit Dialogen, entsprechenden Hintergrund-geräuschen und einigen Liedern. Das Buch wurde nur unwe-sentlich gekürzt und ist ein nach wie vor hörens- und lesens-werter Beitrag zur Außenseiterproblematik.

Carola Zinner/Antje Wegener: «Warum ist der Himmel blau?
«Kinder fragen/Eltern rätseln».

«Warum ist der Schnee weiß? Warum weht der Wind? Warum brennt die Brennessel?» – Wer kennt sie nicht – die tausend und abertausend «Warum»-Fragen der wißbegierigen Kin-der! Und wie oft stehen die Erwachsenen verlegen da und wissen keine Antwort.

Diese Produktion des Bayerischen Rundfunks bietet viele Antworten, die man auf eine ebenso unterhaltsame wie hintergründige Weise auf solche «Warum»-Fragen geben kann. Eine vergnügliche Wissensvermittlung für die ganze Familie.

Ab 6 Jahre

Verlag: Komplett-Media GmbH, Road University, Audio Books 1999
Buch: Coppenrath

Abenteuer, Krimis und Science-fiction

Joan Aiken: «Der flüsternde Berg».
Hörspiel von Ursula Horwitz. Folge 1–4.

Ab 9 Jahre

Verlag: Deutsche Grammophon Junior 1989. MC Buch: Oetinger

Die Abenteuergeschichte führt zurück ins 17. Jahrhundert. Owen wird von seinem Großvater erzogen, denn sein Vater, der Kapitän, ist verschollen, seine Mutter gestorben. Im Museum von Pennygaff, in dem Owens Großvater Kurator ist, wird eine sagenumwobene goldene Harfe aufgehoben. Der undurchsichtige Graf Malyn erhebt Anspruch auf das Instrument. Da der Großvater sie ihm nicht verkaufen will, läßt der Graf sie von zwei Gaunern stehlen, die außerdem Owen entführen. Doch Arabis – die Tochter eines fahrenden Barbiers und Dichters – befreit ihn. Die Harfe allerdings ist verschwunden. Es beginnt eine abenteuerliche Jagd nach dem Instrument. Dabei gerät Owen ständig in neue Gefahren. Die Weissagungen bewahrheiten sich Satz für Satz, bis der Bösewicht Graf Malyn in die Teufelsschlucht stürzt und die Harfe endlich zu ihrem rechtmäßigen Besitzer gelangt.

Das Hörspiel ist von großer innerer Spannung, ohne dabei ängstigend auf den Zuhörer zu wirken. Lebendige Dialoge und eine dynamische Erzählstimme machen die Kassette farbig und aufregend zugleich. Musik und Geräusche werden zurückhaltend eingesetzt.

Empfehlenswerte Hörkassetten

Miguel Cervantes: «Don Quixote».
Neu erzählt von Walter Wippersberg.

Ab 9 Jahre

Ein armer Edelmann aus Mancha wünscht sich nichts sehnlicher, als ein Ritter zu sein. Eines Tages beschließt er, sich diesen Traum zu erfüllen und nennt sich Don Quixote, Kämpfer gegen alles Unrecht und Beschützer der Verfolgten. So zieht er mit seinem Knappen Sancho Pansa auf dem klapprigen Gaul Rosinante in die Welt, um gegen Windmühlenflügel zu kämpfen und alle erdenklichen Abenteuer zu bestehen.

Verlag: Aktive Musik / igel records 1999

Walter Wippersberg hat den Roman von Cervantes zu einem vergnüglichen Hörspiel umgearbeitet, an dem auch Erwachsene Freude haben. Die Sprecher sind vorzüglich ausgewählt, der Roman ist so in Szene gesetzt, daß das Hörspiel trotz seiner Länge (3 CDs) bis zum Ende fesselt.

Frederik Hetmann / Harald Tondern: «Die Nacht, die kein Ende nahm».

Ab 10 Jahre

Beim Aufenthalt in einem entlegenen Haus an der Mecklenburgischen Ostseeküste wird eine Schulklasse von einer Gruppe Skinheads überfallen und drangsaliert. Einem der Schüler gelingt es zu fliehen. Mutig macht er sich auf den Weg, um Hilfe zu holen. Hartnäckig verfolgt er dabei sein Ziel, auch wenn ihm mancher Erwachsene seine Geschichte zunächst nicht glauben mag.

Verlag: Baumhaus 1998

Eine spannungsreiche, dichte Handlung, unterbrochen von kurzen Musikpassagen, die dem Hörer Zeit geben, die brisante Thematik auf sich wirken zu lassen. Und eine Inszenierung, die zeigt, daß man ein engagiertes Thema aufbereiten kann, ohne den pädagogischen Zeigefinger zu heben.

Rudyard Kipling: «Das Dschungelbuch». «Mogli».

Ab 8 Jahre

Vater Wolf rettet ein kleines Menschenkind vor den Klauen des Tigers Shir Khan. Die Wolfsmutter nennt es zärtlich Mogli, weil es so nackt wie ein Frosch ist. Mogli wird im Rudel akzeptiert. Die Tiere des Dschungels lieben ihn. Baloo, der Bär, ist sein Lehrer, Bagheera, der Panther, beschützt ihn vor Shir Khan. Als der Leitwolf Akela alt geworden ist, läßt sich das Rudel von Shir Khan aufhetzen und verstößt Mogli.

Verlag: Polygram 1993 (Deutsche Grammophon Kinderklassiker). MC
Buch: Dressler

Der Kinderbuchklassiker wird auf dieser Kassette in seiner ursprünglichen Form gelesen. Vielen Kindern ist heute nur noch die Disney-Verfilmung und die dazugehörige MC bekannt. Der Schauspieler Peter Fiz interpretiert den Roman so ausdrucksvoll, daß die Figuren förmlich lebendig werden. So ist diese Literaturkassette den billig produzierten Disney-Versionen auf jeden Fall vorzuziehen.

Weiter empfehlenswerte Kassette von R. Kipling:

Ab 9 Jahre   «Geschichten für den allerliebsten Liebling». Patmos 1996

Herman Melville: «Moby Dick». Folge 1–2.
Hörspiel von Uwe Otto und Antonio Meiners.

Verlag: Patmos 1989. MC Schwanni
Buch: Arena

Ahab, Kapitän auf dem Walfangschiff Pequod, hat durch den weißen Wal Moby Dick ein Bein verloren. Seitdem sinnt er auf Rache, und unerbittlich verfolgt er sein Ziel. Eine bunt zusammengewürfelte Mannschaft hilft ihm mehr oder weniger bereitwillig dabei. Auch wenn der unheimlich wirkende Ahab den Steuermann Starbuck hin und wieder in seine

Seele schauen läßt, gelingt es selbst diesem nicht, den Besessenen zur Umkehr zu bewegen. So werden in dem letzten entscheidenden Kampf mit dem Riesenwal alle in die Tiefe gerissen und vernichtet – bis auf den Ich-Erzähler Ismael, der den entsetzlichen Kampf überlebt.

Der Abenteuerklassiker ist in dieser Kassette hochdramatisch und anspruchsvoll in Szene gesetzt. Zwischen den bewegten Dialogszenen informiert der Erzähler über den Walfang. Solche Einschübe bedeuten Entspannung für die Zuhörer. Harmonika- und Orgelmusik erzeugen Stimmungen, veranschaulichen Schauplätze und zeigen Szenenwechsel an. Die eindrucksvolle Geräuschkulisse rundet das spannungsgeladene Hörspiel ab, das sich im wesentlichen an der Romanvorlage orientiert.

Stefan Reisner: «Die drei im Turm». Ein Umweltkrimi.

Ab 8 Jahre

Nelly, Jossi und Manno entdecken beim Spielen auf einem verlassenen Fabrikgelände merkwürdige Dinge. Ein Laster kommt des öfteren und kippt irgend etwas in ihren Teich. Frösche liegen am Ufer mit aufgedunsenen Bäuchen. Als eines Tages ein dort geparkter Wohnwagen von dem Lastwagenfahrer im Teich versenkt wird, halten es die Kinder nicht länger aus. Sie wollen den Ereignissen auf den Grund gehen und entdecken dabei einen Umweltskandal.

Verlag: Jumbo Neue Medien & Verlag 1994 (Wiederauflage) (Vertrieb BMG Ariola München / ARIS). MC Buch: Elefanten-Press

Ein spannend inszeniertes Hörspiel, das in lebhaften Dialogen die Handlung aufrollt. Musik und Geräusche werden sehr sparsam verwendet. Etwas aufgesetzt wirken die ökologischen Informationen und sozialkritischen Einflechtungen. Dennoch ist die Kassette insgesamt empfehlenswert.

Eva Severini: «Gorli und die Klangräuber».

Ab 7 Jahre

Verlag: «KID»
Polyband 1995
(BR-Produktion)

Hier wird eindrucksvoll und kreativ das Hören in den Mittelpunkt der Handlung gestellt. In einer Stadt ohne Namen verliert zuerst das Wasser sein Geräusch, danach werden die Autos tonlos und schließlich geben sogar die Tiere keine Laute mehr von sich. Nur die Stimmen der Menschen bleiben übrig. Die plötzliche Stille bereitet ihnen große Angst.

Eine ungewöhnliche Idee wird abwechslungsreich und anspruchsvoll in Hörbilder umgesetzt. Dazu tragen auch die exzellenten Sprecher bei.

Harald Tondern: «Kurzschluß».

Ab 8 Jahre

Verlag: NDR-
Produktion 1998

Die beiden Freunde Christine und Grotte leisten dem pensionierten Kriminalkommissar Nase jeden Nachmittag Gesellschaft. Dafür erzählt er den beiden Kriminalfälle aus seiner Praxis. Das wird irgendwann langweilig. Doch eines Tages werden die Kinder in einen richtigen Fall verwickelt. Sie merken sehr schnell, daß die Krimi-Realität so ganz anders ist als die Wirklichkeit in Nases Verbrechergeschichten. Christine und Grotte fühlen sich sehr schnell überfordert. Und deshalb bitten sie Nase um Hilfe.

Ein spannend inszeniertes Hörspiel mit Pep und ohne viel «Schnickschnack».

«Till Eulenspiegel».
Bearbeitet von Dirk Walbrecker.

In der Reihe «Bibliothek der Jugendklassiker» werden die Hits dieses Genres als Hörbücher vorgestellt. Eine lobenswerte Idee. Denn wer weiß: Vielleicht wird mancher Heranwachsende, der bisher Klassiker nicht mochte, durch das Hören dieser professionell gekürzten Hörbücher dazu verlockt, das gedruckte Original in die Hand zu nehmen. Das ist zu hoffen, vermittelt doch das Hörbuch – vor allem durch die hervorragenden Stimmen – einen ganz besonderen Reiz. In der Regie von Hans Eckardt liest Christoph Lindert die Späße von Till Eulenspiegel so überzeugend, daß es Lust macht, mehr von diesem berühmtesten Schalk aller Zeiten zu erfahren.

Ab 6 Jahre

Verlag: Verlag und Studio der Hörbuchproduktionen 1992

In dieser Reihe sind weitere empfehlenswerte Hörbücher erschienen:

«Oliver Twist», «Robinson Crusoe», «Huckleberry Finns Abenteuer», «Tom Sawyers Abenteuer», «Die Schatzinsel», «In 80 Tagen um die Welt», «Die drei Musketiere», «Robin Hood», «Gullivers Reisen», «Moby Dick», «Die Schildbürger», «Münchhausen», «Der Graf von Monte Christo» sowie «20 000 Meilen unter dem Meer».

Kinderlieder und Gedichte

Barbara Cratzius und Ludger Edelkötter:
«Das Märchen von den Schneeglöckchen».
Ein musikalisches Märchen.

Ab 4 Jahre

Verlag: Impulse
1992. MC
Buch: Impulse

Der Frühling zieht ins Land, läßt die letzten Schneehäufchen schmelzen, und die junge Birke wundert sich über das Geschehen. Sie glaubt, der Schnee vergehe aus Liebe zu ihr. Sie schmückt sich mit grünen Blättern, um schön zu sein. Der Schnee jedoch ist verschwunden. Dafür sprießen viele tausend Schneeglöckchen «zu ihren Füßen».

Die Autorin erzählt ein russisches Frühlingsmärchen nach, umrahmt und unterbrochen von vielen stimmungsvollen Liedern. Die B-Seite bringt das Märchen noch einmal als Instrumentalfassung und schafft so die Möglichkeit für eigene Interpretationen, Tänze, Bewegungsspiele oder Träume.

Weitere empfehlenswerte Kassetten von B. Cratzius:

«Igel, Frosch und Fledermaus». Ab 4 Jahre. Verlag: Impulse. MC

«Mein buntes Kinderjahr». Ab 4 Jahre. Verlag: Jünger 1999. MC

Dorothée Kreusch-Jakob: «Finger spielen, Hände tanzen».

Jeder Mensch, der sprechen kann, ist auch musikalisch. Dabei kommt es nicht auf Perfektion an: Spaß soll Musik machen. Und diese Lieder machen Spaß! Dabei zeugt die instrumentale und stimmliche Darbietung von absoluter Professionalität. Zugleich werden auch «Nicht-Könner» ermutigt mitzumachen. Die Hintergrundgeräusche werden kreativ variiert, oft auch von Kindern, ebenso wie Kinderstimmen die Lieder begleiten oder aufgreifen. Die Ausdrucksfülle an Geräuschen, Melodien, Rhythmen und Texten auf dieser Kassette läßt sich auch noch in der Grundschule gut einsetzen.

Ab 4 Jahre

Verlag: Patmos
1997

Weitere empfehlenswerte Kassetten von D. Kreusch-Jakob:

«Mandala-Musik». Verlag: Bauer, Freiburg 1997
«Sieben kleine Siebenschläfer». Verlag: Patmos 1998

Max Kruse: «Federleicht und Windkinder».

Ein kunterbunter Strauß von Minigedichten, liebenswert, skurril und absurd. Da gibt es Zaubersprüche, Nacht- und Wachgeschichten von Feen, Hexen, Katzen und vieles mehr. Manchmal erinnern sie den Hörer an die Nonsens-Verse eines Morgenstern oder Ringelnatz.

Otto Sanders wunderbare Stimme läßt Bilder im Kopf entstehen, kreative Musik und Geräusche untermalen die Verse. Lobenswert das Beiheft zur CD, in dem alle Reime abgedruckt sind.

Ab 5 Jahre

Verlag: Patmos
1998

Kinderlieder und Gedichte

Leo Lionni: «Alexander und die Aufziehmaus».
Hörspiel mit vielen Songs und Musik von Fredrik Vahle.

Ab 3 Jahre

Verlag: Patmos 1983. MC Buch: Middelhauve

Die vorwitzige Maus Alexander trifft in Annes Kinderzimmer die Aufziehmaus Willi. Willi schwärmt, wie gut es ihm geht: Er hat keine Angst vor Katzen, braucht keinen Käse zu naschen, läßt sich immer streicheln – dafür haben ihn alle lieb. Das ist ein Leben! Alexander möchte auch lieber eine Aufziehmaus sein. Es soll eine Eidechse geben, die ihn verwandeln könnte. Doch bevor das geschieht, hat Anne Geburtstag. Das ändert auf einmal alles.

Liebevoll hat Fredrik Vahle das Bilderbuch von Leo Lionni zu einer Hörgeschichte umgestaltet. Im typischen «Vahle-Sound», belebt durch allerhand Tiergeräusche, Dialoge (die etwas betulich wirken) und Musik, kommt sie munter daher. Viele quirlige und neuartige Kinderlieder, die sich aus dem Kontext ergeben, sind eingefügt. Ein Hörspaß für die ganz Kleinen, zum Mitmachen, Mitklatschen, Mitsingen und Immer-wieder-Hören!

Fredrik Vahle: «Der Himmel fiel aus allen Wolken. Brabbellieder, Zauberreime und Erzählgedichte».

Ab 4 Jahre

Verlag: Patmos. Buch: Beltz & Gelberg

Fedrik Vahles hinreißende Verse strotzen vor Lebensfreunde und Übermut. Und er schafft es zugleich, die wunderbare Balance aus Nonsens und Besinnlichem zu halten. Hinzu kommen die Musikalität des bekannten deutschen Kinderliedermachers und sein virtuoses Gitarrenspiel. Allen, die die Gedichte auch gerne lesen möchten, sei das Buch ans Herz gelegt. Eine wunderschöne MC für die ganz jungen Kinder!

Empfehlenswerte Hörkassetten

Weitere empfehlenswerte Kassetten von Fredrik Vahle:

«Der Elefant», «Fischbrötchen», «Nicht nur Vögel können fliegen». Verlag: Patmos 1998

Herman van Veen: «Die Ente Kwak».

Die Ente Alfred J. Kwak erfährt eines Tages, daß es Länder gibt, in denen man nicht einmal genug Wasser hat, um sich den Schnabel zu putzen. Spontan beschließt sie, einen Teich zu bauen. Aber vorher muß Alfred Goldstücke verdienen, damit er den Maulwurf bezahlen kann. Das gelingt ihm auch mit allerlei Unternehmungen. Da hört der König von Alfreds Reichtum, und weil er in einer finanziellen Klemme steckt, leiht er sich das Geld. Da er es lange nicht zurückzahlt, beschließt Kwak, es sich zu holen. Auf dem Weg zum König trifft er eine Reihe Freunde, die er mitnimmt, was sich als sehr vorausschauend erweist.

Ab 6 Jahre

Verlag: Deutsche Grammophon Junior 1985. MC auch: Hörspielversand im Internet

Die Kassette ist der Mitschnitt eines Konzerts in Hamburg und vermittelt die tolle Stimmung der Live-Auftritte von Herman van Veen. In seiner bekannten originellen Art gestaltet der niederländische Liedermacher die Figuren seines Märchens, imitiert die Stimmen der Tiere und packt seine Zuhörer, indem er sie zum Mitmachen verführt. Seine Lieder sind voll Wärme und Poesie, klammern aber die Mißstände dieser Welt nicht aus. Ein Ohrenschmaus für kleine und große Leute.

Klassische Musik
und Geschichten mit Musik

Johann Sebastian Bach:
«Von Tastenritten und Klavierhusaren oder
Wer hat Angst vor der Fuge?»
Bearbeitet von Dorothée Kreusch-Jakob.

Ab 8 Jahre   Johann Sebastian Bach kam als Sohn eines Stadtpfeifers früh mit der Musik in Berührung. Nach dem plötzlichen Tod seiner Eltern lebte er ein paar Jahre bei seinem älteren Bruder, der ihn das Cembalospiel lehrte. Bach begann nun, eigene Kompositionen zu schreiben. Im Alter von 14 Jahren verließ er den Bruder und zog nach Lüneburg an die Michaelis-Schule. Er war mittellos und konnte nur auf Grund seiner ungewöhnlichen Begabung Ausbildungsplätze und Mäzene finden.

Verlag: Deutsche Grammophon Junior 1983. MC

In einem lebendigen Hörspiel wird der Werdegang des weltberühmten Komponisten geschildert. In Vor- und Rückblenden erfährt der Zuhörer, in welchen lebensgeschichtlichen Zusammenhängen bestimmte Kompositionen entstanden sind, und hört Kostproben seiner Musik, die neugierig machen auf die Konzerte von Bach. Auch größere historische Zusammenhänge werden nicht ausgelassen, so daß – mit Will Quadflieg als Erzähler – diese Kassette zum informativen Hörerlebnis wird.

Gioconda Belli: «Die Werkstatt der Schmetterlinge».

(s. Hörbuch-Bestenliste, S. 127)   *Ab 6 Jahre*

Johannes Brahms: «Das Genie aus dem Gängeviertel – Tanzmusik ist das nicht – oder doch?»
Ein musikalisches Hörspiel, aufgeschrieben von Wolfgang Rogge.

«Er heißt Johannes Brahms, kam aus Hamburg, dort in dunkler Stille schaffend.» Das steht vor dem Denkmal des großen Komponisten aus dem Arme-Leute-Viertel der Hamburger Altstadt. Schon mit 16 Jahren war er ein so hervorragender Klaviervirtuose, daß er von einem reichen Amerikaner zu einer Tournee durch dessen Heimat aufgefordert wurde. Er blieb aber in Deutschland, vervollkommnete sein musikalisches Können und begann zu komponieren.

Ab 8 Jahre

Verlag: Deutsche Grammophon Junior 1982. MC

In lebendigen Szenen wird Brahms' Leben von Will Quadflieg erzählt. Der Hörer erfährt Wissenswertes zur Entstehung einzelner Werke und über persönliche Beziehungen zu anderen berühmten Musikern seiner Zeit. Die Musikbeispiele stammen von weltbekannten Interpreten, auf einem kleinen Flyer sind die Lebensdaten des Komponisten exakt aufgelistet.

Weitere empfehlenswerte Kassetten aus dieser Reihe:

«Franz Liszt: ‹Ungarische Phantasien oder Ein Hexenmeister auf dem Klavier›. Bearbeitet von Wolfgang Rogge», 1983. MC; «Wolfgang Amadeus Mozart: ‹Ein Kind reist durch Europa›. Hörspiel von Wolfgang Rogge», 1978. MC/CD.

Martin Daske: «Du hast angefangen! Nein, du!
Und sechs weitere klingende Bilderbücher».

Verlag: Der
Hörverlag
1994–97

Klingende Bilderbücher nennt der Hörverlag sein Vorhaben. Und sieben verträumte Bilderbücher beweisen, daß dies gelungen ist. Beim Hören werden die skurrilen Figuren und absurden Geschichten in den Phantasien der jüngeren Zuhörer lebendig. Das gilt für Albert, den kochenden und jonglierenden Hund genauso wie für Winni, die sich so sehnlichst ein Pony wünscht, daß sie nur noch Karotten ißt und sich schließlich in ein Pferd verwandelt. Bekannte Bilderbuchautoren, wie z. B. John Burningham, garantieren die Qualität dieses Hörspaßes, der von Martin Daske überzeugend inszeniert wurde.

Martina Deppe-Spinelli: «Varenka».
Eine musikalische Erzählung.

Ab 8 Jahre

(s. Hörbuch-Bestenliste, S. 128)

Wolfgang Poeplau / Ludger Edelkötter: «Komm mit zur Quelle».

Ab 3 Jahre

In beschaulichen und besinnlichen Worten wird hier der Lebensweg des Flusses von der munter springenden Quelle bis hin zum mächtigen, behäbig dahinfließenden Strom, der ins Meer mündet, beschrieben, begleitet von wunderschöner,

Verlag: Impulse
1989. MC

lautmalender, meditativer Musik. Oder die Geschichte vom müden Baum, der sich Wind, Sonne und Regen entgegenstreckt und öffnet und dadurch wieder neue Kraft gewinnt. Auf der B-Seite ist die Musik ohne Text zu hören.

98

Geleitet von den Texten gibt diese meditative Musik einen Rahmen zum Träumen vor. Sie läßt aber auch genug Raum für eigene Bilder und eigenes Erleben. Die Kassette ist sehr gut geeignet, Kinder zur Ruhe zu bringen, sie Entspannung erfahren und ihrer Phantasie freien Lauf zu lassen.

Eine weitere Kassette (nur als Instrumentalfassung):

Ludger Edelkötter: «Leben». Meditationsmusik. Dazu Karten mit Texten von Eckart Bücken.

Verlag: Impulse. CD. Impulse Musik-Verlag

Michael Ende: «Die Ballade von Norbert Nackendick oder Das nackte Nashorn».
Musik von Wilfried Hiller.

Die Tiere der Steppe werden von dem dümmlichen, aber sehr starken Nashorn Norbert Nackendick terrorisiert. Sie versammeln sich unter dem Vorsitz von Richard Rachenrauh, dem Löwen, um zu beraten, was zu tun sei. Heftig und kontrovers diskutieren sie die einzelnen Vorschläge. Da sprengt Norbert Nackendick urplötzlich die Versammlung. Alle Tiere fliehen. Nur der kleine Vogel Karlchen bleibt und unterbreitet Norbert Nackendick einen listigen Vorschlag.

In Form einer hintersinnigen Parabel nimmt hier Michael Ende den Größenwahn eines Nashorns aufs Korn. Die Musik von Wilfried Hiller untermalt eindrucksvoll die Handlung. Dabei greift er bei einigen Stücken auf bekannte Melodien zurück, die er entsprechend verfremdet. Durch die Ballade führt ein Moritatensänger.

Ab 6 Jahre

Verlag: Deutsche Grammophon Junior. MC Buch: Thienemann

Michael Ende:
«Tranquilla Trampeltreu. Die beharrliche Schildkröte».
«Der Lindwurm und der Schmetterling».
Eine musikalische Fabel in Rondoform. Musik: Wilfried Hiller.

Ab 6 Jahre

König Leo XXVIII. lädt zur Hochzeit, und Tranquilla Trampeltreu folgt dem Ruf. Die Heuschrecke, die Schnecke, die Eidechse wollen sie unterwegs von ihrem Vorhaben abbringen, aber die Schildkröte trottet unbeirrbar und Schritt für Schritt weiter. Selbst die Raben, die ihr zukrächzen, die Hochzeit sei abgeblasen, können sie nicht aufhalten. Und zum guten Ende wird ihre Beharrlichkeit belohnt. In der zweiten Fabel haben der Lindwurm und der Schmetterling ähnlich gelagerte Probleme mit der Mißdeutung ihres Namens. Das macht beide betrübt und krank, doch eines Tages bringt die listige Schlange den Schmetterling auf einen genialen Gedanken ...

Verlag: Polygram. Deutsche Grammophon Junior. MC/CD Buch: Thienemann

Die Umsetzung der Fabeln in Sprache und Musik ist hervorragend gelungen. Der Autor selbst führt als Erzähler durch die Handlung. Die Tierstimmen werden jeweils von Sprechern und Instrumenten so hinreißend als Klangbilder gestaltet, daß man sie regelrecht vor sich sieht. Die Musik besteht nicht aus gefälligen Melodien. Im Stil der sogenannten Neuen Musik für Kinder begleiten die Instrumente vielmehr einfallsreich und ausdrucksvoll, zart und charakteristisch die Tierstimmen.

Weitere Kassetten von Michael Ende bei Karussell:

«Der lange Weg nach Santa Cruz». Ab 6 Jahre. MC; «Die unendliche Geschichte». Folge 1–3. Ab 8 Jahre. MC/CD; «Jim Knopf». Folge 1–5. Ab 8 Jahre. MC; «Der satanarchäologennialkohöllische Wunschpunsch». Folge 1–3. Ab 8 Jahre. MC

Willi Fährmann: «Der Esel, der den König trug».

Im Stall von Bethlehem begreift der Esel lange nicht, was an dem kleinen Kind in der Krippe so einzigartig sein soll. Erst als die Heiligen Drei Könige erscheinen, bekommt er eine Ahnung davon, wie bedeutend die Ereignisse waren, deren unmittelbarer Zeuge er geworden ist. Und von nun an ist sein Leben eng mit dem des Heilands verbunden.

Das Leben Jesu wird in diesem Singspiel in anschaulicher Weise, schwungvoll und mitreißend umgesetzt. Die CD eignet sich wunderbar, den Religionsunterricht in der Grundschule abwechslungsreicher zu gestalten.

Ab 8 Jahre

*Verlag: Abakus
1999*

Janosch: «Post für den Tiger».
«Oh wie schön ist Panama».
Zwei musikalische Erzählungen von Franz-David Baumann.

Der kleine Bär geht jeden Tag zum Fischen, sein Freund, der kleine Tiger, bleibt inzwischen zu Hause und fühlt sich einsam. Der kleine Bär verspricht, ihm zu schreiben. Aber als er den Brief endlich fertig hat, ist es Abend, und er nimmt ihn gleich selbst mit nach Hause. Natürlich hat der kleine Tiger in der Zwischenzeit all die Dinge, um die ihn der Bär gebeten hat, nicht erledigt. Wie auch? Doch am nächsten Tag findet der Bär einen Postboten ... Panama ist das Land ihrer Träume, und darum brechen Bär und Tiger auf, um dahin zu wandern. Unterwegs fragen sie viele Tiere nach dem Weg. Jeder hat einen anderen Ratschlag. So erreichen sie endlich ein wunderschönes Fleckchen Erde, das nur Panama sein kann ...

Gregory Mario Choramsa läßt in seinem Vortrag die drolligen Janoschgestalten lebendig werden. Einzelne Schlüsselsätze oder -sequenzen werden gesungen. Zudem sind aus-

Ab 5 Jahre

*Verlag: Deutsche
Grammophon
Junior. MC
Bücher:
Beltz & Gelberg*

drucksvolle Klangmalereien (z. B. beim Auftritt der Tiere) und abwechslungsreiche Instrumentalmusik eingefügt. Es lohnt sich, dem Panama-Ensemble zuzuhören.

Ute Kleeberg / Uwe Stoffel: «Der Glücksengel».

Ab 8 Jahre   (s. Hörbuch-Bestenliste, S. 136)

Dorothée Kreusch-Jakob: «Ludwig van Beethoven».
Reihe: Wir entdecken Komponisten.

Ab 8 Jahre

Verlag: Deutsche Grammophon 1982

Diese Reihe will jungen Menschen – und nicht nur ihnen – die Klassiker der Musik näherbringen. Dies ist ein lobenswertes Unterfangen einer Hörspielreihe, die selber schon ein Klassiker ist. In Form eines Hörspiels führt die CD in die Kindheit und Jugend Beethovens. Man erfährt von seinem strengen Vater und seiner sanftmütigen Mutter. Schon im Alter von vier Jahren zwingt der Vater seinen Sohn zu langweiligen Fingerübungen am Klavier. Doch der junge Ludwig spielt viel lieber mit den Noten. Daran hat er seine wahre Freude.

Will Quadflieg führt als Erzähler in unnachahmlicher Weise durch das Hörspiel. Aber auch die anderen Schauspieler vermitteln den Eindruck hoher Professionalität. Dazwischen erklingen Beethovens Melodien, interpretiert von namhaften Musikern.

Weitere empfehlenswerte Produktionen aus dieser Reihe:

«Johann Sebastian Bach»; «Johannes Brahms»; «Frédéric Chopin»; «Anton Dvorák»; «Georg Friedrich Händel»; «Joseph Haydn»; «Franz Liszt»; «Wolfgang Amadeus Mozart»; «Sergej Prokofjew»; «Franz Schubert»; «Robert Schumann»; «Peter Tschaijkowskij»; «Antonio Vivaldi» sowie «Richard Wagner».

Munroe Leaf/Rolf Liebermann: «Ferdinand».

Durch einen dummen Zufall wird ausgerechnet der sanftmütige Ferdinand für die Stierkampfarena ausgewählt. Er, der eigentlich viel lieber auf der bunten Sommerwiese liegt, träumt und den Schmetterlingen zuschaut, sieht sich plötzlich in der Arena von Madrid einem blutrünstigen Torero gegenüber.

Ab 7 Jahre

Verlag: See-Igel 1999 (SWR)

Eine amüsante Geschichte, von Marte Keller liebevoll vorgelesen. Rolf Liebermann hat dazu eine phantasievolle Musik komponiert. So führt man Kinder hervorragend an klassische Musik heran, sensibilisiert sie dafür, wie Töne wundersame Bilder im Kopf entstehen lassen.

Paul Maar:
«Das kleine Känguruh feiert Geburtstag».
Musik: Matthias Thurow.

Was schenk ich meiner Mama zum Geburtstag, rätselt das kleine Känguruh. Von seiner besten Freundin, der Springmaus, bekommt es einen Tip: Back einen Kuchen! Mit ihrem Freund, dem Angsthasen, macht sie sich auf den Weg, um Beeren für den Kuchen zu suchen. Bis sie die Beeren endlich gefunden und zu einem Geburtstagskuchen verarbeitet

Ab 4 Jahre

Verlag: Modus vivendi. MC

haben, erleben die beiden aufregende Abenteuer. Doch wie staunt das Känguruh, als es den Kuchen seiner Mutter überreichen will ...

Die Geschichte ist ansprechend und kindorientiert erzählt, ohne kindertümelnd zu sein. Der Autor spielt mit der Sprache, und das haben Kinder besonders gern. Die Musik ist voller Witz und Abwechslung. Bewegungsabläufe werden durch Geräusche vertont, die Abenteuer, die die Tiere erleben, orientieren sich an der kindlichen Erfahrungswelt.

Weitere empfehlenswerte Kassetten vom kleinen Känguruh:

«Das kleine Känguruh auf Abenteuer». MC; «Das kleine Känguruh lernt fliegen». MC

Leo Lionni: «Frederick». «Géraldine und die Mausflöte».
Hörspiel mit Songs und Musik von Fredrik Vahle.

Ab 4 Jahre

Verlag: Schwann (Patmos). MC Schwanni Buch: Middelhauve

Alle Mäuse sammeln eifrig Wintervorräte. Nur Frederick ist faul. Er sitzt in der Sonne mit geschlossenen Augen. Die Mäusekameraden sind sauer, er aber wispert: «Ich sammle ... Sonnenstrahlen, Farben und Wörter.» Und als im Winter alle Nüsse und Körner aufgefressen sind, kramt Frederick in seinen Vorräten. Wie staunen da die Mäuse! – Eines Tages findet die Maus Géraldine einen riesengroßen Käse. Nur, wie schafft sie ihn in ihr Haus? Ihre Freunde helfen ihr. Zum Dank dürfen alle an dem Käse nagen. Dabei entsteht aus dem Käse eine Riesenmausfigur. Die Riesenmaus beginnt zu flöten, und Géraldine hört zum erstenmal in ihrem Leben Musik.

Empfehlenswerte Hörkassetten

Die bekannten Bilderbücher von Lionni sind hier in zwei zauberhafte Hörspiele umgesetzt. Fredrik Vahle liest den Text, dazwischen erklingen (von Kindern oder Vahle gesungen) muntere Kinderlieder und witzige Geräusche, die das Geschehen untermalen. Ein Hörspaß für die Kleinen.

Luis Murschetz: «Der Maulwurf Grabowski». «Der Hamster Radel».

Zwei musikalische Erzählungen von Franz-David Baumann.

Der Maulwurf Grabowski lebt glücklich und zufrieden auf einer wunderschönen Wiese vor der Stadt. Manchmal zertritt der Bauer schimpfend ein oder zwei Hügel, aber das macht nichts. Grabowski kann ja neue graben. Da kommt eines Tages ein riesiger Schaufelbagger und zerstört seine beschauliche Heimat. Nach mühevoller Wanderung findet Grabowski schließlich ein neues Zuhause. – Der Hamster Radel rennt im Schaufenster einer Apotheke von morgens bis abends in seinem Rädchen. So verdient er sich seine paar Körnchen, die noch dazu nach Tetracylacetat schmecken. Eines Tages geschieht ein Unglück, das für Radel zum Glück wird ...

Ab 5 Jahre

Verlag: Polygram 1991 (Deutsche Grammophon Junior). MC Buch: Diogenes

Längst haben sich die beiden Bilderbuchklassiker in den Kinderzimmern etabliert, so sehr, daß Grabowski für viele zum Synonym für Maulwurf geworden ist. Hier werden sie durch das «Panama-Ensemble» kreativ in Szene gesetzt. Die an Klangbildern reiche Musik ist ein tragendes Element innerhalb der Erzählungen. Sie charakterisiert die Figuren, betont ihr Handeln und hebt Stimmungen und Atmosphäre hervor. Schon das musikalische Vorspiel stimmt den Zuhörer mit den wichtigsten Motiven der erzählenden Komposition ein.

Sergej Prokofjew:
«Peter und der Wolf oder Sergej, wir wollen Musik!»
Ein musikalisches Hörspiel von Marei Obladen.

Ab 6 Jahre

Verlag: Deutsche Grammophon Junior 1984. MC/CD

«Erzähl uns von dir, Sergej, wie du deine Musik schreibst!» Bettelnde Stimmen von Kindern, aber Sergej winkt ab, er kann nicht erzählen, er kann nur komponieren. Sein Leben erzählen, das soll ein anderer. Und so übernimmt Will Quadflieg diese Rolle. Ein munteres Hörspiel, in dem es nicht nur um das musikalische Märchen «Peter und der Wolf» geht, sondern um das Leben und Wirken Sergej Prokofjews insgesamt. Dabei kommt auch dessen Kindheit nicht zu kurz, die unter der Erziehungsmaxime des Vaters «Mit Vernunft und Phantasie» stand.

Spielerisch werden hier Kinder an die Klassik herangeführt. Sie nehmen teil an der Entstehung und dem Wachsen des Prokofjewschen Werkes, insbesondere von «Peter und der Wolf». Unprätentiös breitet Will Quadflieg das Leben und Wirken des Komponisten vor den kleinen Zuhörern aus. Zahlreiche Musikbeispiele veranschaulichen die Erzählung.

Richard Wagner:
«Götter, Schwanenritter und Matrosen oder: Ein Festspielhaus muß her».
Ein musikalisches Hörspiel von Achim D. Möller.

Ab 8 Jahre

Verlag: Deutsche Grammophon Junior 1997. MC

Wagner flieht vor seinen Gläubigern bei Nacht und Nebel über die russische Grenze nach Ostpreußen. Aber auch dort kann er nicht bleiben, übers Meer geht die Reise weiter nach England. Auf dieser stürmischen Seefahrt bekommt er die entscheidenden Impulse für seine Oper «Der fliegende Holländer».

Dramatisch wird das bewegte Leben Richard Wagners mit seinen Höhen und Tiefen inszeniert, werden die wichtigsten Stationen anschaulich beschrieben. Dazwischen sind Auszüge aus den Kompositionen Richard Wagners eingebettet. Eindringlich, teilweise spannend wird sein Leben von Will Quadflieg erzählt. Die Dialogszenen und Musikbeispiele sind harmonisch aneinandergefügt, so daß die Kassette auch für Kinder eine gelungene Heranführung an die Musik Richard Wagners sein kann.

«Wenn das Meer weg wär'».
Rock von Kindern für Kinder.
Mit der Super-Flimmer-Schepper-Band.

Die Songs sind von Grundschulkindern selbst erdacht und vertont worden, fachliche Unterstützung fanden sie beim Musiklehrer. Die Kinder greifen in ihren Songs Themen auf, die ihnen am Herzen liegen: Wie schlimm es wäre, wenn es kein Meer gäbe. Oder im Lied vom Wachtraum: «Ich bin der knallhärteste Mann.» Er ist knallhart, hat jede Menge Kohle und geht nicht in die Schule. Es gibt auch Lieder wie den Flugzeugrock, die keine besonderen Inhalte transportieren, sondern nur um des Singens willen erdacht wurden.

Die Songs sprechen Kinder unmittelbar an, als spürten sie, daß sie von Gleichaltrigen stammen. Die Musik von Keyboard, Schlagzeug, Gitarre und Baß greift auf die gängigen Rhythmen und Akkorde der Rockmusik zurück, ist einfach und eingängig. Die Songs wechseln zwischen Soli und Chor. Sie reizen zum Mitsingen, Mittanzen, Mitklatschen, Mittrampeln. Auch das Erfinden von Spielszenen wäre denkbar ... Der Phantasie sind keine Grenzen gesetzt, die Lieder fordern sie eher heraus.

Ab 6 Jahre

Verlag: modus vivendi 1998.

Empfehlenswerte
weitere Dauerseller

Das Geschäft mit den Hörkassetten ist schnellebig. Manche anspruchsvollen Produktionen sind völlig vom Markt verschwunden, andere nur kurzzeitig, wieder andere kommen bei Kleinstverlagen heraus.

Die nachstehende Auflistung nennt hervorragende Hörspiele, die nicht mehr auf dem Markt erhältlich sind oder nur bei speziellen Adressen. Viele der vorgestellten Produktionen können in Stadtbibliotheken ausgeliehen werden.

Angelika Bartram: «Prinz Mumpelfitz». Folge 1–3.
Ein Hörspiel. Sprecher: Hans-Dieter Hüsch u. a.

1. Die Sehnsucht nach einem Freund.
Der verlorene Schlüssel.
2. Bei den Klangmonstern. Im Reich der Gespenster.
3. Die Klangmauer. Im Reich der Sonnenfee.

Prinz Mumpelfitz lebt mit seinem Vater, dem König, im Reich der Klangmonster. Er sehnt sich nach einem Freund, doch das siebte Gesetz des Monsterreiches verbietet Freundschaften. Da entflieht der Prinz dem strengen Vater ins Reich seiner Mutter, der Sonnenfee. Auf dem Weg dorthin besteht er viele Abenteuer, gewinnt Freunde und kann zum guten Ende zusammen mit seiner Mutter sogar noch den Vater überzeugen, daß das siebte Gesetz überflüssig ist.

Dieses musikalische Hörspiel ist akustisch sehr aufwendig gestaltet und von einer unglaublichen klanglichen Variationsbreite. Häufig überlagern sich Geräusche, so daß das Zuhören hohe Konzentration erfordert. Die Sprecher sind hervorragend besetzt, die Geschichte ist abwechslungsreich und phantasievoll, greift Märchenmotive auf, vernachlässigt aber auch Alltagsprobleme nicht. Das Hörspiel bezieht die Kinder in die Handlung ein. Sie helfen Mumpelfitz bei der Bewältigung seiner Abenteuer.

Dies ist eine von vielen hervorragenden wdr-Produktionen aus den Hörspielreihen «Lilipuz» und «Ohrenbär». Sie sind ebenfalls auf MC erschienen.

Ab 7–8 Jahre

Bezug:
Maus & Co
Der wdr-Laden
50608 Köln
3 MC

Informationen
unter:
http://www.
wdr.de / radio5 /
lilipuz / index.html

Iring Fetscher:
«Die Geiß und die sieben Wölflein».

Ab 9 Jahre und Erwachsene

Eingangs erklärt Iring Fetscher, Professor für Politologie in Frankfurt/M., wie und warum er dazu kam, die Grimmschen Märchen auf den Kopf zu stellen. Das Märchen handelt von der bitterbösen Geiß, die neidisch auf das freie Leben der Wölflein im Wald war. Als die Wölflein allein waren, stieß sie diese mit ihren Hörnern in die Bäume. Als die Wolfsmutter zurückkam, fand sie ihre Kleinen jammernd auf den Bäumen. Sie bat den Kletterbären, ihr zu helfen. Als Vater Wolf hörte, was geschehen war, lief er wutschnaubend zur Geiß, um Rache zu nehmen ... Und jetzt beginnt das Märchen vom Wolf und den sieben Geißlein. – Nicht immer kann man Märchen umdrehen, aber immer kann man sich die Frage stellen: Was geschah vorher oder danach. Als der Frosch durch einen Kuß in einen Prinzen verwandelt worden war, wollte eine andere geldgierige Prinzessin auch so ein Glück haben. Sie heiratete einen Frosch, der Geld in Massen hatte. Zwar blieb er der häßliche Frosch, aber Reichtum macht schön, und sie sah die abstoßende Häßlichkeit erst, als das Gold verbraucht war.

Fetscher stiftet noch mehr Verwirrung: Er läßt das tapfere Schneiderlein Dornröschen wachküssen und Aschenputtel heimlich Mitglied einer verbotenen Gewerkschaft für Hausangestellte sein. Zwischendurch informiert er über Wesen und Entstehung der Märchen und entwickelt umwelt- und gesellschaftskritische Gedanken, was keinesfalls aufgesetzt wirkt. Seine These, man könne mit Märchen spielen wie mit Bausteinen, benutzt er als Aufforderung an den Hörer, selbst tätig zu werden und Märchen zu erfinden, um zu dichten, zu verwirren oder zu modernisieren. Ein reizvoller und geistreicher Umgang mit Märchen und Ansporn zu eigener Kreativität.

Hugh Lofting: «Dr. Dolittle».
Bearbeitet von Marei Obladen.

Ab 6 Jahre

Buch:
verschiedene
Verlage

Der kleine skurrile Landarzt Dr. Johann Dolittle wohnt in Puddleby auf der Marsch. Seine Schwester Sarah führt ihm den Haushalt, und viele Tiere wohnen bei ihm. Die Goldfische im Teich, in der Speisekammer Kaninchen, im Keller ein Igel, im Klavier weiße Mäuse und in der Wäschekammer ein Eichhörnchen. Seine besonderen Lieblinge aber sind Dab-Dab, die Ente, Göb-Göb, das Schwein, Jip, der Hund, Polynesia, der Papagei, und die Ente Too-Too. Dr. Dolittle wendet sich immer mehr den Tieren zu, Polynesia lehrt ihn die Sprache der Tiere, und eines Tages erhält er einen Hilferuf aus Afrika, dort seien die Affen sehr schlimm erkrankt. Dr. Dolittle macht sich mit seinen Lieblingstieren auf die Reise.

Lofting schrieb diesen bezaubernden Kinderbuchklassiker während des Ersten Weltkrieges an der Front und schickte ihn seinen Kindern. Es folgten noch einige Bände, und bis heute sind seine Werke aus den Kinderzimmern nicht mehr wegzudenken. Peter Matic liest sehr pointiert und lebendig, köstlich, wenn er zum Beispiel Polynesia ein Seemannslied krächzen läßt.

Joachim Bröger: «Oma und ich».
Hörspiel.

Ab 6–7 Jahre Als Jutta von der Schule nach Hause kommt, findet sie eine schriftliche Nachricht der Oma, daß sie krank sei. Rasch läuft sie in Omas Zimmer und sieht diese regungslos im Bett liegen. Hat sie ein leises Schnarchen vernommen, oder bildet sie sich das bloß ein? Verunsichert verläßt Jutta das Haus, um Besorgungen zu machen. Auf dem Weg zum Kaufmann trifft sie Dirk, den alle Didi nennen und der selten ein Wort sagt. Im Laufe der nächsten Stunde entwickelt sich eine zarte Freundschaft zwischen den beiden, getragen von den Sorgen und Nöten, die sie einander erzählen. Dabei spielt Juttas Oma eine große Rolle.

Die Thematik des Buches, die Auseinandersetzung mit dem Tod eines geliebten Menschen, wird in dieser Kassette altersangemessen aufgegriffen. In Dialogszenen, die durch Erzählpassagen verbunden sind, beschäftigt sich Jutta mit dem Tod der Großmutter, obgleich sie gar nicht weiß, ob sie wirklich tot ist. Dabei ist der ständige Wechsel zwischen kindlicher Unbekümmertheit und trauriger Nachdenklichkeit überzeugend eingefangen. Darüber hinaus wird das Thema Freundschaft und Vorurteile einfühlsam beschrieben.

Elfie Donnelly: «Servus Opa, sagte ich leise».
Hörspiel.

Ab 8–9 Jahre Der elfjährige Michi liebt seinen Opa über alles, der Opa ist sein bester Freund. Er hat immer Zeit für Michi und vor allem Verständnis. Da erfährt er eines Tages, daß der Opa Krebs hat. Langsam und behutsam wird Michi durch den Opa an den Tod herangeführt. Dabei bleibt der Opa sachbezogen, entlarvt die umschreibenden Worte für «sterben» und macht

Buch: Oetinger

Michi verständlich, daß der Tod zum Leben gehört wie die Geburt.

Das 1985 im Oetinger-Verlag erschiene Buch wurde gestrafft und in einfühlsame Dialoge umgesetzt. Die Sprecher sind hervorragend besetzt. Besonders die beiden Hauptrollen Michi (Markus von Bock) und sein Großvater (Manfred Steffen) überzeugen. Keinen Moment gleitet das Hörspiel in Kitsch oder Verklärung ab. Offen und kindorientiert wird mit der Problematik des Todes umgegangen, so daß die Kassette Eltern und Kindern eine echte Hilfe sein kann.

Willi Fährmann: «Der überaus starke Willibald».
Bearbeitet von Jochen Senf.

Es herrschen schwere Zeiten für die Mäuse, weil die getigerte Katze sie bedroht. Ein Boß muß her: der überaus starke Willibald. Er führt ein straffes Regiment, schafft Ordnung, läßt marschieren, teilt alle ein, grenzt Randgruppen aus – zum Beispiel auch die Albinomaus Lilli. Sie wird in die Bibliothek verbannt, wo es nichts zu fressen gibt. Dort jedoch lernt sie lesen. Willibald herrscht wie ein Diktator, kaum einer muckt auf. Schließlich versteigt er sich in eine größenwahnsinnige Idee, die ihm fast den Tod bringt. Dies ist auch das Ende seiner Tyrannei. Die Mäuse wählen ihn ab, Lillimaus ist rehabilitiert. Alle Mäuse hören wieder ihren Geschichten zu.

Das politische Lehrstück von Willi Fährmann wurde kindgerecht in ein Hörspiel umgesetzt. Die Figuren sind klar gezeichnet und leben vor allem durch die Dialoge. Namen und Sprüche erinnern unaufdringlich an die Nazi-Diktatur, beschränken sich jedoch nicht nur auf diese. Ein Erzähler führt verbindend durch das Spiel, das sparsam durch adäquate Songs bzw. Musik unterbrochen wird.

Ab 8 Jahre

Verlag: Baumhaus
Buch: Arena

Klaus W. Hoffmann / Klaus Neuhaus:
«Tanz, tanz, tanz. Tanzlieder aus ganz Europa.»

Ab 5 Jahre Alte Kinderliedthemen neu präsentiert: «Bruderherz, komm tanz mit mir … Komm schon her und zier dich nicht, wirst dich nicht blamieren, hast ein starkes Schwesterchen, wird schon nichts passieren.» Oder nach dem Prinzip der zehn kleinen Negerlein: Fünf Flaschen tanzen im Supermarktregal, eine nach der anderen kommt dabei zu Fall, bis zum Schluß nur noch Schnapsgeruch übrigbleibt.

Frisch und unkonventionell werden die Lieder dargeboten, die Erwachsenenstimmen sind klar und schön, die Kinderstimmen wirken unprätentiös und fröhlich. Die Auswahl der Themen ist breit gefächert, und die Lieder haben zum Teil einen hohen Aufforderungscharakter.

Franz Hohler: «Der Räuber Bum und andere Geschichten».
Geschrieben und gelesen von Franz Hohler.
Musik: Gypsy-Swing und andere.

Ab 4 Jahre Franz Hohler liest eigene Geschichten vom Räuber Bum, der im Wald Wanderer überfällt, ihnen das Picknick stiehlt und durch das kleine Mädchen Anita zu einem ordentlichen Leben bekehrt wird. Vom Riesen, der den Zwerg beim Erdbeerkonfitürekochen vertritt und dabei ein fürchterliches Durcheinander anrichtet. Von der fleißigen Tiefkühltruhe, die versehentlich von ihrem Besitzer auf Schnellkühlung gestellt wird und langsam, aber stetig einen Gletscher hervorbringt. Und vom Walkman-Dieb, der gar keiner war.

Der Schweizer Kinderbuchautor erzählt seine märchenhaften, phantasievollen und hintersinnigen Geschichten mit viel Sinn für Humor. Das zeigen die Eingangssätze in Schwy-

zerdütsch, auf die der Hörer zunächst verblüfft reagiert. Die Zwischenmusik ist fröhlich, lockert auf und gibt Zeit, das Gehörte nachwirken zu lassen.

James Krüss: «Florentine».

In «Florentine und die Tauben» lernen wir die Hauptfigur **Ab 6 Jahre** kennen. Sie ist spindeldürr und viel allein, weil ihre Eltern beim Film arbeiten. Daher merken sie auch gar nicht, was Florentine so treibt und was sie bewegt. Eines Tages werden die Eltern gebeten, einen Film mit einem Kind zu drehen, das sich um die Tauben im Stadtpark kümmert ... In der zweiten Episode «Florentine und die Kramerin» verbringt Florentine die Ferien mit ihrer Freundin in einem Alpendorf. Dort lernt sie die Krämerin Rosa und ihren Gemischtwarenladen kennen. Rosa und sie schließen Freundschaft, was natürlich zu Komplikationen führt – wie immer, wenn Florentine mitmischt.

Horst Beilke liest die Geschichten so, wie es dem humorvollen Stil des Autors entspricht. Dabei werden auch die kritischen Zwischentöne deutlich, mit denen James Krüss darauf hinweist, wie wenig Zeit sich Eltern für ihre Kinder nehmen.

Boy Lornsen:
«Auf Kaperfahrt mit der Friedlichen Jenny».
Ein phantastisches Abenteuer-Hörspiel von Paul Hartmann.

Ab 4 Jahre

*Verlag: Jumbo –
Neue Medien-
und
VerlagsGmbH
1993*

Peters Eltern verreisen, daher darf er ein paar Tage bei Oma und Opa verbringen. Großmutter Jenny ermahnt ihren Mann, recht lieb mit Peter zu spielen. Dazu seien Großväter schließlich da. Und wie er mit ihm spielt! Peter und sein Großvater bauen sich aus den Ehebetten ein Schiff, setzen die Segel und gehen jeden Abend auf große Fahrt. Und was sie dabei alles erleben! Sie jagen sogar eine Seeräuberflotte. Zwischendurch stärken Steuermann Peter und Kapitän Büssenschütt sich mit heißem Fliederbeersaft und Glühwein, den Oma Jenny vorbeibringt. Bevor sie jedoch die Seeräuber fangen können, holt Peters Mutter ihren Sohn wieder ab. «Du kommst ja mal wieder», tröstet Opa Kapitän.

Welcher Junge wünscht sich nicht so einen Opa! Und Manfred Steffen verkörpert ihn hervorragend. Die Kassette ist spannend, voller Dynamik und lebt nicht zuletzt auch von der Abwechslung zwischen Erzählerebene, Spiel und Spiel im Spiel (Kaperfahrt). Abgerundet wird das Ganze durch stimmungsvolle Seemannsmusik.

Jörg Müller / Jörg Steiner: «Die Kanincheninsel».
Bearbeitet von Gert Haucke.

Das große graue Kaninchen hat den Duft der Blumen vergessen, das Zirpen der Grillen und die Farbe des Sommerklees. Es hockt in der Mastfabrik und nimmt sein kümmerliches Leben nicht mehr wahr, bis das kleine braune Kaninchen ihm die Augen öffnet. Es macht ihm Mut, mit ihm gemeinsam die Freiheit zu suchen. Doch dort findet sich das große graue Kaninchen nicht mehr zurecht. Es hat entsetzliche Angst und vermißt sein Trockenfutter, so daß es lieber in sein bequemes Gefängnis zurückkehrt.

Diese Parabel von der Suche nach Freiheit und Glück schildert in eindringlichen Bildern, wie Mut die Kraft zu ungewöhnlichen Taten gibt. Es ist eine sehr poetische, leise Geschichte, hervorragend gesprochen, mit wunderschön zarten Musikpassagen und wenigen, wirksamen Geräuschen, z. B. dem gleichförmigen Rascheln des Trockenfutters, das allmählich zu einem Riesenkrach anschwillt, oder den stimmungsvollen Sommergeräuschen. Die Art, wie die eindringlichen Bilder der Originalbuchvorlage in einfühlsame Musik übersetzt wurden, läßt diese Kassette zu einem der besten je produzierten Hörspiele für Kinder werden.

Ab 8 Jahre

Verlag:
Hörspielversand
im Internet
Buch:
Sauerländer
Unionsverlag

Modest Mussorgski: «Bilder einer Ausstellung».
Erklärt von Gerd Albrecht, gespielt von Bernhard Ringeisen, Klavier.

Ab 8 Jahre   Unter dem Eindruck des Todes seines besten Freundes, des Malers Viktor Hartmann, komponierte Modest Mussorgski die «Bilder einer Ausstellung». Das verbindende Element zwischen den einzelnen Bildern, die er in Musik umgesetzt hat, ist die Promenade. Als Betrachter schlendert der Zuhörer während dieser musikalischen Verbindungsstücke von Bild zu Bild.

Gerd Albrecht, ein Dirigent und Musiker mit großem pädagogischem Talent, versteht es hervorragend, diesen Zyklus für Kinder verständlich zu interpretieren. Dabei wirkt er nie belehrend, sondern erklärt, indem er einzelne Tonskizzen herausgreift, auch einmal die Tempi verändert und dadurch seine Interpretationen verdeutlicht. So werden schon Jüngere unkompliziert und lustvoll in die klassische Musik eingeführt.

Maurice Ravel: «Ma mère l'Oye».
Erklärt und dirigiert von Gerd Albrecht.

Ab 7 Jahre   Durch einen Zauber fällt die Königstochter Dornröschen in tiefen Schlaf und mit ihr das gesamte Schloß vom König bis zum letzten Jägersmann. Diese Erstarrung wird durch eine ebenso weiche wie zarte Musik dargestellt, so als ob Dornröschen nicht geweckt werden soll. Die Flöte verkörpert diese Stille, dazwischen ertönt das leise, gedämpfte Horn eines schlafenden Jägers. Selbst der Prinz – symbolisiert in den Tönen einer Geige – schleicht auf Zehenspitzen ins Schloß, um die Ruhe nicht zu stören. In dieser Art werden auch die anderen musikalischen Märchen vorgestellt. Auf der B-Seite ist das Werk im Zusammenhang zu hören.

Empfehlenswerte Hörkassetten

Die fünf Kinderstücke («Parvane von Dornröschen», «Der kleine Däumling», «Laideronette», «Die kleine häßliche Kaiserin der Pagode», «Die Gespräche zwischen der Schönen und dem Ungeheuer», «Der Feengarten») erklärt Gerd Albrecht so, daß der Hörer einen hervorragenden Zugang zum Werk bekommt. Albrecht analysiert die Partitur und läßt Musikbeispiele folgen. Dadurch weckt er beim Zuhörer das Interesse an der Vielschichtigkeit der Komposition, läßt aber gleichzeitig der phantasievollen Deutung genug Raum. Eine wunderbare Möglichkeit, Kindern – und Erwachsenen! – den Zugang zur Musik zu öffnen.

Simon und Desi Ruge:
«Katze mit Hut». Folge 1–2.
Hörspiel, bearbeitet von Charlotte Niemann.

Gleich nach Pfingsten kommt die Katze nach Stackeln an der Kruke, mit Hut natürlich. In der Backpflaumenallee sieht sie ein Haus, das ihr gefällt. Es ist ein Haus mit einer unglücklichen Kindheit in den Wänden. Sie zieht ein und beschließt, es glücklich zu wohnen. Dabei helfen ihr Marianne Dudelhuhn (ein Huhn, das jeden Tag ein Ei legt) und Kapitän Knaak (ein Hund, der lange zur See gefahren ist). Nach und nach kommen der Zappergeck, der Brumsel, Baby Hübner und andere Sonderlinge dazu. Die wortgewandte Katze mit Hut hat alle und alles völlig im Griff. *Ab 7 Jahre*

Eine ungeheuer witzige Geschichte, sprühend vor skurrilen Einfällen und urkomisch in Szene gesetzt. Der Erzähler hält sich eng an die literarische Vorlage, läßt sich aber von Stimmen und Dialogen voller Wortwitz und Nonsens unterbrechen. Es ist außerordentlich vergnüglich, dieses Feuerwerk an Phantasie zu verfolgen, man spürt förmlich den Spaß, den die Aufnahme gemacht haben muß.

Günter Saalmann / Helmut «Joe» Sachse: «Fez und Firlefanz». Spielkiste.

Ab 5 Jahre Weil Meerschweinchen Geburtstag hat, schrieb ich für es ein Lied, das war nicht leicht, mein Meerschweinchen hat ein einfaches Gemüt ... Baby schreit, schmatzt, rülpst und quäkt im Posaunenchor. Der Reis verreist, es weint der Wein, die Dose döst ... Die Spielkiste ist voll von skurrilen Einfällen.

Nichts lassen Saalmann und Sachse in ihren 32 Musikminiaturen aus, um Kinder zum Mitsingen, Mitklatschen, Geräuschemachen, Reimen und Lauschen zu animieren. Schnell, abwechslungsreich und frech sind die lustigsten Klangspielereien arrangiert. Diese Kassette macht munter an verregneten Tagen, gesund, wenn man krank im Bett liegt, und Schlechtgelaunte fröhlich.

Gertrud Schneider: «Musik für die Füße und die Ohren». Folge 1–2.

Ab 5 Jahre Töne sind Füße, schnell und leichtfüßig kommen sie daher oder langsam und trampelig, sie können hüpfen, poltern und sich drehen. Stücke mit Füßen nennt man Tänze, die durch unsere Ohren in uns schlüpfen, so daß wir tanzen müssen.

Verlag: Polygram (Deutsche Grammophon Junior). Folge 1 (Folge 2: «Für Ohren, die auch sehen») 1998

Die Tänze sind alle von Franz Schubert. Die Pianistin Gertrud Schneider spielt sie in Abschnitten und bringt den Kindern die Musik mit ihren Erklärungen dabei so nahe, daß sie einfach mittanzen und mitklatschen müssen. Mit viel pädagogischem Geschick, zugleich phantasievoll und poetisch, versteht es Gertrud Schneider, in ihren kleinen Zuhörern das Interesse an der Musik zu wecken. Die Autorin erhielt für die gleichnamige Aufnahme in Schwyzerdütsch den Zürcher Radiopreis 1976 mit folgender Begründung der Jury: «Diese

Musiksendung stellt eine vollkommene und ungemein poetische Verbindung von Analyse und Einfühlung dar, die von
Kindern und Erwachsenen mit gleichem Gewinn nachvoll-
zogen werden kann.»

Jewgenij Schwarz: «Rotkäppchen».
Interpretiert von Floh de Cologne.
Ein Märchen mit viel Rock und Pop für kleine und große Leute.

Rotkäppchen ist zur Hauptfigur in einem Rockmärchen ge- **Ab 6 Jahre**
worden. Der Hase Weißohr warnt sie vor dem Wolf. Aber sie
ist nur sauer, daß der Hase so ängstlich ist, weil sie den Tieren doch Mutmacherunterricht erteilt hatte. So wandert sie
trotz Warnung los. Weißohr, der Bär und die Schlange wollen
Rotkäppchen beschützen. Aber das schlaue Füchslein verei-
telt den Plan. Der Hase jedoch, mutig geworden in seiner
Angst um Rotkäppchen, gibt nicht auf, und gegen alle Wid-
rigkeiten gelingt es ihm zum Schluß, Rotkäppchen zu retten.

Hanns-Dieter Hüsch – als sprechende Platte – führt in Reimen durch dieses ungewöhnlich dargebotene Märchen. Es
sprüht nur so vor Witz; es spielt mit Sprache und Technik, es
lebt von unkonventionellen Einfällen. Die einzelnen Figuren
stellen sich in schmissigen Songs vor bzw. treiben in den Liedern das Geschehen voran. Ein einmaliges Aufgebot an
hochkarätigen Liedermachern läßt diese Kassette zu einem
echten Hörerlebnis werden.

Isaac B. Singer:
«Zlateh, die Geiß. Der erste Schlemihl.»
Hörspiel, bearbeitet von Charlotte Niemann.

Ab 7 Jahre Der Winter war warm, und so hatte der Pelzhändler Roben keine Geschäfte machen können. Er beschließt daher, die Geiß Zlateh zum Metzger Feivl in die Stadt zu bringen. Sein Sohn Aaron muß diese schwere Aufgabe übernehmen. Ihm bricht fast das Herz, er macht sich dennoch auf den Weg. Die Geiß trottet neben ihm her, treuherzig und arglos. Da geschieht plötzlich ein Wunder in Form eines mächtigen Schneesturms ... Ein bißchen einfältig ist Schlemihl, ein bißchen faul und ein Pechvogel obendrein. Darum geht seine Frau arbeiten, und er bleibt zu Hause. Dort träumt er von Marmeladenpfannkuchen und von einer Frau, die nicht mehr zetert. Dabei passiert ein Mißgeschick nach dem anderen, so daß er beschließt, sich zu vergiften. Er will endlich seine Ruhe. Das vermeintliche Gift entpuppt sich als süße Marmelade, und zu guter Letzt muß die geplagte Frau wieder das ganze Unglück ausbaden.

Die Geschichten des polnischen Erzählers Isaac B. Singer sind voller Lebensweisheit und Güte, geprägt von der jüdischen Kultur. Wolfgang Büttner als Erzähler läßt die jiddische Sprache durchklingen, kleine Dialogszenen sind eingeblendet. Die Sprecher sind hervorragend besetzt. Die Geräuschkulisse ist sparsam und eindrucksvoll, kurze jiddische Lieder runden das Ganze ab.

Empfehlenswerte Hörkassetten

Jürgen Treyz / Karin Lorenz / Thomas Lotz u. a.:
«Sprüche an der Wand».
Lieder gegen Ausländerfeindlichkeit.

Da stehen Sprüche an der Wand: «Ihr da, raus aus unserem Land!» Wer dies schrieb, weiß keiner. Es scheint auch niemanden zu interessieren. «Nur» ein paar Kinder fragen: «Alle Neger gehen nackig ..., Zigeuner klau'n ... Juden feilschen ... Deutsche stehen stramm und lieben ihren Schäferhund ...» Alle Facetten der Ausländerfeindlichkeit, der Vorurteile gegen Randgruppen und Andersdenkende werden in den Liedern angesprochen.

Eindringliche Rhythmen und abwechslungsreiche Melodien tragen die Handschrift der führenden deutschen Kinderliedermacher, die für diese Kassette gegen Fremdenhaß und Gewalt gegen Fremde zueinandergefunden haben. Hilfreich, daß der Kassette ein Liederheft beiliegt, um sich besser auf die Texte einlassen zu können. Ein eindrucksvoller Beitrag zu einem aktuellen Thema, ausgezeichnet mit dem Deutschen Schallplattenpreis.

Ab 8 Jahre

Fredrik Vahle / Dietlind Grabe:
«Glitzerschnee und Knoblauchpizza».

Freche und unkonventionelle Lieder zur Winter- und Weihnachtszeit sind auf dieser Kassette zu hören: Vom Weihnachtsmann, der keine Säcke mehr schleppen mag, und auch das Reklamestehen vor Karstadt verdrießt ihn. Zugleich erklingen alte deutsche Lieder, verfremdet durch neue Texte und Melodien: «Kling, Glöckchen ... Draußen vor dem Fenster sitzen die Gespenster, draußen hocken Geister, vollgeschmiert mit Kleister ...» Doch auch melancholische Töne

Ab 4 Jahre

Verlag: Patmos
1987
CD / MC

werden nicht ausgespart wie in einem griechischen Winterlied oder der liebevollen Aufbereitung der Weihnachtsgeschichte.

Fredrik Vahle und Dietlind Grabe singen ihre witzigen Lieder, die voller kreativer Einfälle sind. Hin und wieder übernimmt ein vierjähriges Kind einen bestimmten Singpart, oder geschulte Knabenstimmen singen ein paar Strophen. Dadurch wird das Ganze aufgelockert, und das Zuhören macht noch mehr Spaß.

Genauso liebenswert ist die Kassette: «Guck mal, wer da guckt». Lieder und Gedichte von Fredrik Vahle. Verlag: Patmos 1991. MC

Renate Welsh: «Drachenflüge».
Hörspiel.

Ab 10 Jahre

Die 14jährige Anna liebt ihren schwerbehinderten Bruder Jakob. Er ist 17 Jahre alt und kann weder sprechen noch laufen, aber freuen kann er sich. Und traurig sein. Anna verbringt viel Zeit mit ihm, spielt ihm auf der Flöte vor. Für die ganze Familie ist der Junge eine gewaltige Belastung. Für Anna ist jedoch das Mitleid der Menschen am schwersten zu ertragen. Daher reagiert sie oft überempfindlich auf völlig unbefangene Äußerungen. Und fast wäre die aufkeimende Freundschaft zu Lea an diesem Mißtrauen zerbrochen.

Buch:
dtv junior 1992

Das Hörspiel gibt Impulse zur intensiven Auseinandersetzung mit der Thematik, ist dabei wirklichkeitsnah, ohne falsche Sentimentalität. Die einzelnen Dialogszenen werden durch Flötenstücke unterbrochen, in denen die unterschiedlichen Stimmungen eingefangen sind. Die Dialoge appellieren in ihrer Dichte an das Mitgefühl der Zuhörer und tragen zur Aufklärung über das schwierige Verhältnis der Umwelt zu Behinderten bei.

Empfehlenswerte Hörkassetten

hr2 Hörbuch-Bestenliste

Ausgewählte Kinder- und Jugendhörbücher 1997 bis 1999

Zusammengestellt von Dorothee Meyer-Kahrweg

Anfang Mai 1997 haben der Hessische Rundfunk (hr2) und das Börsenblatt für den Deutschen Buchhandel die erste hr2 Hörbuch-Bestenliste herausgegeben. Sie ist seitdem zu einer wichtigen, wenn nicht der wichtigsten Institution für die Beurteilung von Hörbuch-Produktionen im deutschsprachigen Raum geworden. Seit Oktober 1997 werden auch Kinder- und Jugendhörbücher berücksichtigt, die von einer eigenen Jury ausgewählt werden. In dieser Jury sind hochkarätige Kritiker, Jugendbuchforscher, Schriftsteller und andere Persönlichkeiten des kulturellen Lebens vertreten, u. a. auch die Autoren dieses Buches, Jan-Uwe und Regine Rogge.

Die Juroren wählen aus dem großen Angebot monatlich die nach ihrer Meinung zwei besten Kinder- und Jugendhörbücher aus.

Die zwei Titel, die die Juroren am häufigsten nennen, werden in die hr2 Hörbuch-Bestenliste aufgenommen. Einmal im Jahr wird aus allen genannten Kinder- und Jugendhörbüchern das Kinder- und Jugendhörbuch des Jahres ausgewählt.

Ein Streifenplakat mit den Hörbüchern des Monats wird an Buchhandlungen verschickt. Fragen Sie dort nach der aktuellen Liste.

Kinder- und Jugendhörbücher
der hr2 Hörbuch-Bestenliste 1997 bis 1999

«Märchen der Welt: Gruselmärchen».
Sprecherin: Hannelore Hoger.
Musik: Ulrich Maske & das WunderWelt Ensemble.

Ab 5 Jahre

Jumbo MC, ca. 54 Min.

Man nehme: eine dunkle Nacht, eine flackernde Kerze, eine knarrende Tür ... und diese Gruselmärchen, gelesen von Hannelore Hoger. Die bekannte Schauspielerin versteht es, mit ihrer rauchigen, leicht unterkühlten Stimme den Geschichten vom «Karren des Todes», der «Schwarzen Prinzessin», dem «Gespensterbräutigam» und anderen Gruselmärchen den ganz besonders unheimlichen Ausdruck einzuhauchen, der einem das Blut in den Adern gefrieren läßt. Die Gruselmärchen sind Teil einer 16 Folgen umfassenden Reihe mit dem Titel «Märchen der Welt».

Vita Andersen: «Petruschkas Lackschuhe».
Sprecher: Ernst-August Schepmann.

Ab 4 Jahre

schumm sprechende bücher MC, ca. 65 Min.

In der Nacht zu ihrem fünften Geburtstag kann Petruschka nicht schlafen. Sie will ihre Geschenke jetzt, mitten in der Nacht. Und sie bekommt sie. Ein Paar Lackschuhe hat es ihr besonders angetan. Ein Geschenk mit unerwarteten Folgen. Die Schuhe bringen solche Turbulenzen in das Familienleben, daß sie und ihre Schwester schließlich nicht ein Paar, sondern jede vier Paar Lackschuhe besitzt. Ernst-August Schepmann liest die lustige Geschichte über das eigenwillige kleine Mädchen mit viel Temperament.

Empfehlenswerte Hörkassetten

Gerdt von Bassewitz: «Peterchens Mondfahrt».
Sprecher: Otto Sander u. a.

Die abenteuerliche Traumreise mit dem Maikäfer Sumsemann zum Schloß der Nachtfee, im Mondschlitten des Sand-
männchens über die Sternenwiese zum gefährlichen Mond-
mann. Auf dem Weg dorthin begegnet Sumsemann dem
schmetternden Donnermann und der pfeifenden Windliese.
Mit viel Empathie für den mutigen Käfer führt Otto Sander
die großen und die kleinen Kinder auf die Abenteuerreise.
Dieser Traum voll Poesie und Musik wird die ganze Familie
erfreuen.

Ab 4 Jahre

*Patmos
MC,
ca. 45 Min.,
auch als CD*

Gioconda Belli: «Die Werkstatt der Schmetterlinge».
Sprecher: Katharina Thalbach, Ulrich Matthes, Sebastian Walch u. a.

Rodolfo, Kalle, Gwendolin, Paganini und Fedora arbeiten in
der Schöpferwerkstatt für Pflanzen und Tiere. Rodolfo träumt
davon, ein ganz besonderes Wesen zu schaffen. Halb Tier
und halb Pflanze soll es sein und wunderschön anzusehen:
ein Schmetterling. Dieses phantasievolle und heitere Schöp-
fungsmärchen wird mit spielerischer Leichtigkeit von den
Sprechern – allen voran Katharina Thalbach – in Szene gesetzt. Die Musik von Sergio Pinto unterstreicht die behutsame Poesie der Geschichte.

Ab 6 Jahre

*Patmos / WDR
CD,
ca. 32 Min.*

Carlo Collodi: «Pinocchios Abenteuer».
Sprecher: Karl Michael Vogler.

Ab 5 Jahre

Der HörVerlag
2 MC, 140 Min.
(auch als CD)

Meister Geppetto wollte aus dem Stück Holz nur eine einfache Puppe schnitzen. Doch was ist das? Die Puppe bewegt sich – und sie spricht. Dieser hölzerne Pinocchio ist nicht gerade brav und gerät von einem Abenteuer ins nächste. Zum Glück steht ihm eine gute Fee zur Seite. Durch ihren Einfluß wandelt sich der kleine Kerl schließlich zu einem liebenswerten Menschenjungen. Karl Michael Vogler liest den weltberühmten Klassiker der Kinderliteratur mit viel Liebe zum Detail und erweckt so nicht nur Pinocchio zum Leben.

Bruce Brooks: «Dooleys Geheimnis».
Sprecher: Georg Kostya.

Ab 7 Jahre

Aktive Musik / igel
records / BR
2 MC,
ca. 110 Min.

Der kleine Junge hängt sehr an seinem Opa. Jeden Sommer haben sie zusammen verbracht. Doch plötzlich erleidet Opa eine Herzattacke, und sein Enkel hat furchtbare Angst, ihn zu verlieren. Da taucht Dooley auf, der elfjährige schwarze Neffe der Krankenschwester, die sich um Opa kümmert. Dooley und der kleine Junge überlegen, wie Opa gerettet werden kann. Eine spannend erzählte Geschichte voller Humor von der Freundschaft zwischen einem weißen und einem farbigen Jungen, die in der Sorge um den kranken Großvater zueinanderfinden.

Martina Deppe-Spinelli, Thomas Lotz: «Varenka».
Sprecher: Willi Hagemeier u. a.

Ab 5 Jahre

Varenka wohnt irgendwo in den Weiten Rußlands. Eines Tages kommen viele Menschen an ihrem Häuschen vorbei. Sie

sind auf der Flucht vor dem Krieg. Doch Varenka will und kann nicht fliehen, sie ist dazu zu alt. Mit ihr bleiben ein alter Mann, ein Maler und ein Mädchen. Sie haben Angst vor den Soldaten, doch Varenka vertraut auf Gott. Wie durch ein Wunder werden sie schließlich gerettet. Eine liebevoll komponierte Geschichte mit Liedern zum Mitsingen nach einem alten russischen Märchen.

Uccello Verlag, 33175 Bad Lippspringe MC/CD, ca. 35 Min.

Wolf Durian: «Kai aus der Kiste».
Sprecher: Otto Mellies, Michael Wilding u. a.

Berliner Hinterhöfe und Baustellen, das sind die Plätze, wo Paul und seine Bande, die Schwarze Hand, am liebsten herumtollen. Unbeobachtet von den doofen Erwachsenen verüben sie hier mit viel Witz und Einfallsreichtum ihre Streiche und schaffen es nebenbei, den Chef einer Schokoladenfabrik tief zu beeindrucken. Der Klassiker der Weltliteratur – ideenreich als Hörspiel vertont – entführt junge Hörer in das pulsierende Leben Berlins der zwanziger Jahre.

Ab 7 Jahre

Patmos MC/CD, 46 Min.

Martin Ebbertz: «Armes Ferkel Anton».
Sprecher: Peter Simonischek.

Es ist ein lausig kalter Winterabend, als Ferkel Anton plötzlich eine feine Melodie hört. Es ist zwar nur der Wind, aber Anton träumt, eine wunderschöne Ferkeldame würde ihm auf einer Flöte vorspielen. Am nächsten Tag macht er sich auf, diese Ferkeldame zu suchen. Auf seinem Weg erlebt Anton viele Abenteuer, zum Beispiel mit dem gemeinen Wolf und dem bösen Ziegenbock. Der Schauspieler Peter Simonischek erzählt auf wunderbar leichte Weise und versteht es vortrefflich, jedem Tier seine individuelle Stimme zu leihen.

Ab 5 Jahre

Deutsche Grammophon/SFB, WDR, NDR MC/CD, ca. 60 Min.

Hans Fallada: «Geschichten aus der Murkelei».
Sprecher: Rolf Ludwig.

Ab 5 Jahre

*Patmos
MC/CD,
ca. 66 Min.*

Ausgedacht hat sich Hans Fallada diese wundersamen Ge-schichten für seine Kinder – damit das Essen besser rutscht. Die fanden die Erzählungen so prima, daß sie ihrem Vater empfahlen, sie doch zu veröffentlichen. Als folgsamer Vater tat Fallada, wie ihm geheißen. So können nun alle Kinder von Mäusecken und Wackelohr hören, über den verkehrten Tag lachen und sich über den unheimlichen Besuch gruseln. Schauspieler Rolf Ludwig liest diese Klassiker der Kinderlite-ratur mit offensichtlichem Spaß. Die Zwischenmusiken sind von Nikolaus Esche.

Vera Ferra-Mikula: «Unsere drei Stanisläuse».
Sprecher: Stefanie Taussig, Karl Markovic.

Ab 5 Jahre

*Jumbo/ORF
MC,
ca. 44 Min.*

Der alte, der junge und der kleine Stanislaus finden drei Farbeimer und malen damit einen großen, grünen Büffel, einen kleinen, roten Esel und einen lustigen, blauen Bie-nenschwarm. Plötzlich beginnen die Bilder zu leben. Zusam-men mit den Tieren gehen die drei Stanisläuse auf Wan-derschaft. Die phantasievolle, mehrfach ausgezeichnete Geschichte wird liebevoll und kindgerecht von Stefanie Taussig und Karl Markovic gelesen. Behutsam eingesetzte Geräusche und Musikakzente lassen für die Kleinen eine Welt erstehen, in der Wunder noch selbstverständlich sind.

Anne Fine: «Bills neues Kleid».
Sprecher: Ernst-August Schepmann.

Oje, es war kein Traum: Als Bill eines Morgens aufwacht, ist er plötzlich ein Mädchen. Und er bleibt es, da hilft nichts. In der Schule wird er gehänselt und stürzt von einer Katastrophe in die nächste. Bald sieht er, wie anders es sich für Mädchen lebt. Eine neue Welt tut sich vor ihm auf, die oft gar nicht so schlecht ist, wie er bald merkt. Die englische Autorin Anne Fine erzählt hier eine vergnügliche und spannende Geschichte für kleine und große Kinder.

Ab 6 Jahre

schumm
sprechende
bücher
MC,
ca. 50 Min.

Cornelia Funke: «Die wilden Hühner 1 + 2».
Sprecher: Cornelia Funke.

Eine richtige Mädchenbande sind sie, die «Wilden Hühner». Und wie sich das für eine Bande gehört, suchen Sprotte und ihre Freundinnen nach Abenteuern. Die lassen nicht lange auf sich warten, denn die «Pygmäen», eine Bande von vier Jungs, verscheuchen die Hühner von Sprottes Oma. Die Mädchen sinnen auf Rache ... Cornelia Funke hat nicht nur einen genauen Blick auf das Leben von Kindern mit all ihren Freuden und Seelennöten, sondern versteht es mit ihrer Stimme auch großartig, sich in die Charaktere der einzelnen Personen hineinzuversetzen.

Ab 6 Jahre

Jumbo
2 MC,
2 x ca. 81 Min.

Kenneth Graham: «Der Wind in den Weiden».
Sprecher: Thomas Nicolai, Christoph Schobesberger,
Ilka Teichmüller u. a.

Ab 5 Jahre

Der HörVerlag
MC, 65 Min.

Quark, der Kröterich, kann es nicht lassen: Er klaut, lügt und betrügt und schneidet mit seinen Geschichten auf, wo er nur kann. Gut, daß er mit der Wasserratte und dem Maulwurf so gute Freunde hat, die ihm immer wieder aus der Patsche helfen. Sie stehen ihm auch bei, als Quark ein Auto klaut, damit einen Unfall baut und fliehen muß. Der Kinderbuchklassiker wird in diesem Hörspiel von Karin Hahn und John Clark auch dank der abwechslungsreichen Stimmen lebendig und spannend umgesetzt.

Peter Härtling: «Jette».
Sprecher: Peter Härtling.

Ab 6 Jahre

schumm
sprechende
bücher
3 MC,
ca. 200 Min.

Das kleine Mädchen Jette lernt eines Tages den alten Buchhändler Herrn Topf kennen. Herr Topf ist geradezu verrückt nach Büchern. Und so erzählt er Jette die Geschichten von Tom Sawyer, dem kleinen Muck oder auch Jettchen Gebert. Für Jette entfaltet sich eine wunderbare neue Welt. Peter Härtlings Roman ist nicht nur ein Ausflug in die Literatur, sondern erzählt auch ganz nebenbei von den ersten Versuchen, erwachsen zu werden. Härtling liest diese Geschichte selbst und zieht damit kleine und große Hörer in seinen Bann.

Lukas Hartmann:
«Gib mir einen Kuß, Larissa Laruss».
Sprecherin: Julia Fischer.

Vera ist zwar erst elf, aber sie kann den Haushalt für sich und ihren Vater sehr gut allein schmeißen. Und sie ist stolz darauf. Doch dann bringt ihr Vater eine fremde Frau nach Hause. Sie stellt sich als Larissa vor, doch in Vera keimt ein entsetzlicher Verdacht. Dieses spitze Kinn, diese behaarte Warze im Mundwinkel … Sie schlägt im Hexenlexikon nach, und dann gibt es keinen Zweifel mehr: Larissa ist eine Berghexe. Julia Fischer liest das preisgekrönte Buch und zieht mit ihrer angenehmen Stimme die Zuhörer in ihren Bann.

Ab 9 Jahre

Jumbo / BR
2 MC,
ca. 135 Min.

Kurt Held: «Die rote Zora und ihre Bande».
Sprecher: Max Giermann, Jenny Antoni,
Bijan Bahluli Zamani u. a.

Zora – ein verwegenes, rothaariges Mädchen – befreit Branko aus dem Gefängnis. Der Junge war eingesperrt worden, weil er angeblich einen Fisch gestohlen hat. Fortan gehört der Junge zu Zoras Bande. Elternlos müssen sich die Kinder durchs Leben schlagen und erleben dabei viele Abenteuer. Eine spannende Geschichte um ein starkes Mädchen, abwechslungsreich und mit authentischer Geräuschkulisse als Hörspiel inszeniert. Ein Klassiker, der auch davon erzählt, wie Menschen verschiedener Kulturkreise miteinander leben können.

Ab 8 Jahre

Patmos
MC / CD, 75 Min.

«Drei Wünsche und andere Märchen» – zusammengestellt von Barbara und Bernd Herzsprung.
Sprecher: Bernd Herzsprung.

Ab 5 Jahre

*Der HörVerlag
MC, ca. 60 Min.
(auch als CD)*

Barbara und Bernd Herzsprung haben hier uralte Märchen zusammengetragen, die doch nie in die Jahre kommen. Dabei sind bekannte wie das von «Brüderchen und Schwesterchen» oder den «Drei Wünschen», aber auch unbekanntere, wie die anrührende Geschichte vom armen «König Pipo» oder lustige wie «Warum Pat sich seine Hose mit einem Strick festbinden mußte». Der Schauspieler Bernd Herzsprung entpuppt sich hier als wunderbarer Erzähler. Ihm zu lauschen, in einem tiefen Ohrensessel versunken, das ist für kleine und große Kinder ein wahrer Hörgenuß.

Erich Kästner: «Als ich ein kleiner Junge war».
Sprecher: Erich Kästner.

Ab 10 Jahre

*Deutsche
Grammophon /
NDR
CD, ca. 50 Min.*

Als Erich Kästner ein kleiner Junge war, lebte er mit seinen Eltern in Dresden. Die Eltern waren arm, Ausflüge mit dem Rad oder lange Wanderungen waren etwas ganz Besonderes. Wenn der Autor in seiner humorvollen, dichten Sprache von den Begebenheiten seiner Kindertage erzählt, ersteht eine ganze Welt voller Phantasie und Humor, in der nicht alles leicht, aber nichts zu schwer ist. Wer mehr über den Autor und die Hintergründe seiner beliebten Kinderbücher erfahren möchte, dem sei dieses Hörbuch für Große und Kleine empfohlen.

134

Erich Kästner: «Der 35. Mai».
Sprecher: Otto Sander, Klaus Sonnenschein, Dieter Kursawe u. a.

Konrad bekommt in der Schule auf, einen Aufsatz über die Südsee zu schreiben. Und ausgerechnet an diesem Tag begegnen er und sein Onkel, der Apotheker Ringelhuth, dem Pferd Negro Kaballo. Ein Glückstreffer, denn das freundliche Tier schlägt vor, mit den zweien eine kleine Reise in die Südsee zu machen ... Diese phantastisch-verrückte Geschichte über einen nachmittäglichen Ausflug am 35. Mai wird von den Sprechern mit großer Lust an ihren Rollen so gut umgesetzt, daß man glaubt, selbst unter Palmen zu wandeln.

Ab 7 Jahre

Deutsche Grammophon / DeutschlandRadio CD, ca. 52 Min.

Erich Kästner: «Pünktchen und Anton».
Sprecher: Erich Kästner, Rudolf Siege, Antje Hagen u. a.

Eigentlich heißt Pünktchen Luise, aber so nennt Direktor Pogge seine Tochter nur, wenn er böse mit ihr ist, also nur ganz selten. Pünktchens Freund heißt Anton. Zusammen erleben die zwei eine wirkliche Räuberpistole, in der auch Fräulein Andacht, Pünktchens Kindermädchen, eine Rolle spielt. Erich Kästner selbst führt mit der ihm eigenen Gelassenheit durch die turbulente Geschichte. Das von Kurt Vethake inszenierte Hörspiel bleibt bis zum Schluß spannend. Dies ist nicht nur dem Witz der Kästnerschen Sprache, sondern auch den exzellenten Stimmen zu verdanken.

Ab 7 Jahre

Deutsche Grammophon CD, ca. 54 Min.

Rudyard Kipling: «Geschichten für den allerliebsten Liebling».
Erzählt und gesungen von Martin Seifert.

Ab 4 Jahre

*Patmos
MC/CD,
ca. 70 Min.*

Faszinierende Geschichten aus der Tierwelt und «vom Anfang aller Jahre, als die Welt noch funkelnagelneu war», erzählt der Literatur-Nobelpreisträger Rudyard Kipling seiner Tochter Josephine, seinem allerliebsten Liebling. Augenzwinkernd verrät uns Kipling, was er einst von seiner indischen Amme erfuhr, und gibt den Kindern umwerfende Antworten auf so wichtige Fragen, wie das Kamel seinen Höcker bekam oder was es beim Krokodil zum Mittagessen gibt.

Ute Kleeberg: «Der Glücksengel» (Kammermusik für Kinder).
Sprecherin: Katharina Palm.

Ab 5 Jahre

*Edition See-Igel,
78315 Radolfzell
CD,
ca. 42 Min.*

Eines Abends entdeckt Teresa, daß sie einen Glücksengel hat. Dieser Engel nimmt Teresa an die Hand, und zu zweit machen sie sich auf zu den Sternen der Nacht. Die zwei erleben ganz zauberhafte Dinge auf ihrer Reise, die von den kleinen Hörern weitergesponnen werden können. Diese sanfte Traumgeschichte von Ute Kleeberg ist wunderschön eingebettet in klassische Kammermusik von Milhaud, Schumann, Debussy, Händel und anderen. Die Musikauswahl von Uwe Stoffel unterstreicht die natürliche und unaufdringliche Stimme von Katharina Palm.

Marjaleena Lembcke:
«Als die Steine noch Vögel waren».
Sprecherin: Ulrike Folkerts.

«Glaubst du, daß die Welt anders ist, oder bin ich anders?» fragt Pekka seine Schwester. Der finnische Junge Pekka ist behindert und liebt alle Welt: seine Eltern und Geschwister, die Mitschüler, die Vögel und die Steine. Mit seinen ungewöhnlichen Fragen macht er die Menschen auf Dinge aufmerksam, die viele sonst übersehen. Die Schauspielerin Ulrike Folkerts liest diese anrührende, aber nie ins Sentimentale abgleitende Geschichte so natürlich und liebevoll, als hätte sie eine ganze Kinderschar um sich versammelt. Daß die gebannt zuhören würde, das ist gewiß.

Ab 8 Jahre

Uccello
2 MC / CD,
ca. 102 Min.

Marjaleena Lembcke:
«Der Sommer, als alle verliebt waren».
Sprecherin: Adela Florow.

In diesem Sommer sind alle verliebt, denen Leena begegnet. Sogar ihr Bruder Matti. Und bald wird sie es auch sein. Eine Geschichte über den Abschied von der Kindheit, die wunderbar schwebt, die die Gefühle von Kindern ernst nimmt und ihnen etwas von dem vermittelt, was sie erwartet oder was sie gerade durchmachen. Und für Erwachsene eine wunderschöne Erinnerung. Ebenso einfühlsam wie dynamisch und witzig erzählt von Adela Florow.

Ab 10 Jahre

Jumbo / BR
2 MC,
ca. 148 Min.

Gcina Mhlophe: «Der Zauber der Schildkröte».
Sprecher: Matthias Ponnier, Eva Garg, Alexander Grill,
Marianne Rogée, Gcina Mhlophe.

Ab 6 Jahre

Patmos / WDR
MC / CD,
ca. 32 Min.

Es gab einmal eine Zeit, da waren alle Tiere von stumpf-
brauner Farbe. Eines von ihnen war die Schildkröte Fudu-
kazi. Als ihr eines Tages der Leopard von einem hohen Baum
herunterhalf, zauberte sie ihm aus Dank ein farbenprächti-
ges Fell. Gcina Mhlophe, Geschichtenerzählerin aus Afrika,
schildert, wie die Tiere zu ihren Farben kamen. Passagen in
Englisch, Zulu und Xosa sind mit der deutschen Version ver-
woben. Zusammen mit der Musik von Francis Bebey entsteht
eine Komposition, die Kinder die geheimnisvolle Welt der
afrikanischen Story-Teller-Tradition erleben läßt.

Tilde Michels: «Kleiner König Kalle Wirsch».
Sprecher: Bernd und Anna Kohlhepp, Oliver Malms u. a.

Ab 5 Jahre

Patmos
CD,
ca. 50 Min.

In einer Gießkanne finden Max und Jenny ein gefesseltes
Erdmännchen. Es ist Kalle Wirsch, der König aller Wirsche,
Wolde, Gilche, Murke und Trumpe. Zoppo Trump, Kalle
Wirschs Widersacher, hat den kleinen König in der Gieß-
kanne eingesperrt, um selber die Macht zu übernehmen. Ge-
meinsam mit den Geschwistern Max und Jenny gelingt es
Kalle Wirsch nach vielen Abenteuern, den bösen Zoppo
Trump zu besiegen. Die phantasievolle Hörspielbearbeitung
von Bernd Kohlhepp und Jürgen Treyz nimmt Kinder sofort
gefangen.

Fritz Mikesch:
«Gabrieles Drachenflug zum gelben Hasen».
Sprecher: Brigitte Röttgers, Herbert Stass,
Josepha Prinzler, Ulrich Voß.

Alle zwei Wochen darf das Mädchen Gabriele Stern ihren Großvater Julius Katz besuchen. Dann unternehmen die zwei immer ganz besondere Dinge. Diesmal lassen sie einen wunderschönen Drachen steigen. In der Nacht fliegt der Drache mit dem Mädchen zum gelben Hasen, dem Hüter der Träume ... Das Hörspiel wurde sorgfältig mit Geräuschen und fernöstlicher Musik komponiert, die Stimmen betonen die verschiedenen Charaktere und entführen Kinder rasch in das große Reich zwischen Wachen und Träumen.

Ab 6 Jahre

Patmos /
DeutschlandRadio
MC / CD,
ca. 54 Min.

Kinder- und Jugend-Hörbuch des Jahres 1998:

A. A. Milne: «Pu der Bär – Teil 1 bis 6».
Sprecher: Harry Rowohlt.

Eines der bedeutendsten klassischen Werke der Kinderliteratur wird mit der «bärigen» Stimme von Harry Rowohlt zu einem Ohrenschmaus ohnegleichen für groß und klein. Wie gerne lassen wir uns von den Abenteuern des Stoffbären hinreißen und verzaubern. Pu der Bär ist ganz der alte: versponnen, bequem, ein Leckermaul, dessen Tolpatschigkeit ihn immer wieder in vertrackte Situationen bringt – und uns zum Schmunzeln ... Insgesamt sechs Titel umfaßt diese Höredition, die von dem Schweizer «L'Ensemble Rayé» musikalisch umrahmt wird.

Ab 5 Jahre

Verlag Antje
Kunstmann /
Kein&Aber Records
6 MC / CD,
insg. ca. 380 Min.

Christine Nöstlinger: «Rosa Riedl Schutzgespenst».
Sprecherin: Maria Urban.

Ab 7 Jahre

Jumbo / ORF
2 MC,
ca. 80 Min.

Gibt es Gespenster? Aber klar doch, meint Nasti, die eigentlich Anastasia heißt. Das kleine Mädchen kennt jedenfalls eines. Das Gespenst heißt Rosa Riedl. Es ist sehr couragiert und hilft Nasti, wo es nur geht. Und das ist auch nötig, denn Nasti ist ein sehr ängstliches kleines Mädchen, das sich genauso vor Hunden wie vor dunklen Kellern fürchtet. Die liebenswerte Geschichte der bekannten Kinderbuchautorin ist mit vielen Preisen ausgezeichnet worden. Sie wird lebendig und kindgerecht erzählt von Maria Urban. Musikalische Akzente setzt Toni Burger.

Helmut Sakowski:
«Katja Henkelpott kommt in die Schule».
Sprecherin: Lina Kieninger; Musik: Ulrich Maske.

Ab 5 Jahre

Jumbo
MC,
ca. 77 Min.

Weil ihre Zöpfe so lustig abstehen, nennt jeder das kleine Mädchen «Henkelpott» – Katja Henkelpott. Daß Katja nun eingeschult werden soll, paßt ihr gar nicht, denn sie hat gehört, daß damit der «Ernst des Lebens» beginnt. Aber dann bekommt Katja einen Schulranzen geschenkt, und wo soll sie den vorzeigen, wenn nicht in der Schule? Die Erlebnisse der kleinen Katja werden von Lina Kieninger mit kindlich natürlicher Stimme erzählt und von Ulrich Maskes Musik zum Mitsummen kurzweilig unterbrochen.

Rafik Schami:
«Bobo und Susu / Der Löwe Benilo».
Sprecher: Donata Höffer.

Bobo ist ein Elefant. Aber er ist anders als die anderen Elefanten, denn er mag sich gar nicht prügeln. Eines Tages lernt er die kleine Maus Susu kennen. Sie verlieben sich ineinander, was auf ziemliche Probleme stößt, da der Elefant so groß und die Maus so klein ist. – Auch der Löwe Benilo ist ein Außenseiter, denn er ist der einzige im Rudel, der kein Fleisch mag. Rafik Schamis Geschichten machen allen Mut, anders zu sein als die anderen. Liebevoll gelesen von Donata Höffer und sorgfältig musikalisch untermalt von Ulrich Maske.

Ab 4 Jahre

Jumbo
MC,
ca. 44 Min.

Ulf Stark: «Kannst Du pfeifen, Johanna?»
Sprecher: Rolf Nagel, Annabell Wöckener.

Der Junge Berra ist ganz traurig. Denn er hat keinen Großvater wie andere Kinder. Aber sein Freund Ulf weiß, wie man ganz leicht an einen Opa kommt. Eines Morgens zieht sich Berra besonders ordentlich an, und so nimmt ihn Ulf mit zu einem … Altersheim. Dort treffen sie den alten Nils, und der wird Berras neuer Großvater. Mit den Kindern wird der alte, einsame Nils noch einmal jung. Eine im guten Sinne anrührende Geschichte über eine Begegnung zwischen Alt und Jung, einfühlsam und kindgerecht gelesen von Rolf Nagel und Annabell Wöckener.

Ab 5 Jahre

Jumbo / NDR
MC,
ca. 33 Min.

Jakob Streit: «Tatatuck – Die Reise zum Kristallberg».
Sprecher: Bernd Kohlhepp, Holger Kunkel,
Sonny Hoss-Walterspiel u. a.

Ab 4 Jahre

*Patmos
MC/CD,
ca. 44 Min.*

Unter der Erde leben die Wurzelzwerge. Tatatuck ist einer von ihnen, und er ist ganz besonders neugierig. Tatatuck möchte unbedingt einmal das Reich der geheimnisvollen Kristallzwerge kennenlernen, das tief unter dem Reich der Wurzelzwerge liegt. Eigentlich ist es verboten, so weit in die Tiefe des Berges vorzudringen, aber der kleine Tatatuck läßt sich nicht abschrecken und macht sich heimlich auf den Weg. Bernd Kohlhepp und Jürgen Treyz haben die Geschichte von Jakob Streit wunderbar spannend und dabei witzig als Hörspiel umgesetzt. Eine rundum gelungene Produktion.

Jules Verne: «20 000 Meilen unter dem Meer».
Sprecher: Martin Maria Schwarz.

Ab 9 Jahre

*Verlag und Studio
für Hörbuch-
produktionen
2 MC,
ca. 210 Min.*

Die Untersee-Reise von Professor Aronnax und seinen Freunden an Bord der Nautilus ist schon eine literarische Legende. Dirk Wallbrecker konzentriert sich in seiner rasanten Nacherzählung auf die dramatischen Höhepunkte, vom Kampf mit der Riesenkrake bis zur Wanderung durch das versunkene Atlantis. In der Hörfassung erzeugt Martin Maria Schwarz eine vibrierende Spannung, die die Abenteuer am Grunde des Meeres zum fesselnden Erlebnis werden lassen.

Jules Verne: «In 80 Tagen um die Welt».
Sprecher: Martin Maria Schwarz.

Es ist ein trüber Tag des Jahres 1872, als sich ein englischer Gentleman und sein Diener in ein gewagtes Abenteuer stürzen. Es geht um eine Wette. Sie wollen in 80 Tagen um die Welt. Kein leichtes Unterfangen, schließlich gibt es noch keine Flugzeuge, die einen in jeden Winkel der Welt transportieren. Durch dichten Dschungel müssen sie sich schlagen, eine Ballonfahrt überstehen und viele andere Gefahren überwinden. Ob sie es schaffen? Max Kruse hat diesen Klassiker nacherzählt, der von Martin Maria Schwarz fesselnd gelesen wird.

Ab 10 Jahre

*Verlag und Studio für Hörbuch-Produktionen
2 MC, 178 Min.*

Walter Wippersberg: «Don Quixote».
Sprecher: Gerd Anthoff, Karl Lieffen, Michael Habeck u. a.

Von der spanischen Hochebene bis hinunter an die Küste entführt uns Walter Wippersberg mit seiner Hörspielbearbeitung. Zu Ehren der geliebten Dulcinea ziehen Don Quixote, Sancho Pansa und Rosinante von Abenteuer zu Abenteuer, stets auf der Suche, sich als Ritter ohne Furcht und Tadel zu bewähren. Eine wunderbar kindgerechte Inszenierung des großen «Heldenepos», über die Macht der Bücher und der Phantasie, zugleich liebenswert wie witzig erzählt. Selbst wenn man den Roman – später – nie liest, bleibt Don Quixote lebendig.

Ab 7 Jahre

*Aktive Musik/
igel records
3 MC/CD,
ca. 170 Min*

«Ich find Kassettenhören zwar gut», kommentierte der sechs-jährige Jannik, «aber toll ist es, wenn wir mit dem Kassetten-recorder auch was aufnehmen können. Geräusche und so. Und dann damit spielen. Oder so kleine Hörspiele. Die sind zwar nicht so prima wie die gekauften. Aber es macht Spaß, wenn wir die machen.»

«Ich geh häufig mit meiner Freundin raus», erzählt die gleich-altrige Isabel, «und dann sind wir auf Geräuschejagd. Aber wenn wir die dann abhören, dann klingt das ganz komisch. Richtiger hören die sich an, wenn wir die selber machen. Wenn man ein Motorrad in echt aufnimmt, dann fallen einem fast die Ohren ab, so dröhnt das. Wenn wir das selber machen, dann klingt es, als ob ein Motorrad startet!»

«Wir haben neulich», so die knapp sechsjährige Sabrina, «eine richtige Sendung über unseren Kindergarten gemacht, so mit Interviews und so, was wir den ganzen Tag machen. Es war viel schöner als das blöde Basteln. Ich hab sogar ein Interview ge-macht. Da war ich aufgeregt, aber es hat trotzdem Spaß ge-macht. Und dann haben wir davon eine CD hergestellt, das hat der Vater von Patrick gemacht, und die haben wir dann unseren Eltern gegeben. Die haben vielleicht gestaunt!»

«Wichtig ist», so der siebenjährige Patrick, «daß man nicht nur einen Kassettenrecorder mit 'nem eingebauten Mikro hat, das rauscht fürchterlich. Ein Mikro, das man anschließen kann, das klingt besser. Und dann ist noch wichtig, daß man einen Netz-

stecker hat. Batterien verbrauchen viel Strom. Vor allem, wenn
man die Kassette ständig vor- und zurücklaufen läßt!»

«Mir macht es am meisten Spaß, wenn wir Hörspiele machen»,
ergänzt der siebenjährige Fabian. «Dadurch weiß ich nun, wie
die in wirklich gemacht werden. Also, manchmal meine ich, die
geben sich gar keine Mühe mit diesen Kassetten, wenn wir das
schon können. Meine eigenen Hörspiele hör ich gar nicht, weil
ich kenn ja die Handlung. Aber wenn ich das mit meinen
Freunden so mache, das ist richtig schön.»

Kreatives Gestalten sensibilisiert

Für Kinder ist der Kassettenrecorder nicht allein ein Abspielgerät für mehr oder minder ambitionierte Kassetten, der Recorder
ist zugleich ein vielfach einsetzbares Spielzeug, mit dem man
experimentieren, Hörspiele herstellen, Tricks fabrizieren oder
Spiele ausprobieren kann. Der Kassettenrecorder gestattet den
Kindern einen selbständigen Umgang, er macht sie von Erwachsenen ein Stück autonom. Mit diesem Gerät kann man sich von
Eltern, Erziehern und Lehrern auch abgrenzen, eigene Aus-
drucksformen entwickeln und sich sogar künstlerisch ausdrük-
ken. Die Heranwachsenden gewinnen durch solche Aktivitäten
nicht allein einen Einblick in die Funktionsweise auditiver Medien, sie lernen auch Recherchieren, wie man Hörspiele her-
stellt, Interviews durchführt oder ein Hör-Feature aufbaut, und
die Produktion von Geräuschen macht nicht nur viel Spaß, som-
dern zeigt auch, daß mit einfachen Effekten große Wirkung er-
zielt, daß eine Geschichte auch über das Ohr im Kopf zu-
sammengesetzt wird. Bei der Produktionsarbeit wird quasi
nebenbei der Hörsinn sensibilisiert, Hören erhält eine stärkere
Bedeutung für die Kinder und Jugendlichen.

Auch hier gilt, was weiter oben zu den Qualitätskriterien gesagt wurde: Der Gewinn an zusätzlicher Hör-Sensibilität und

die Einsicht in den manipulativen Charakter der Ton-Effekte und/oder der Umgang mit komplexeren Dramaturgien bei der gemeinsamen Produktion wird nicht dazu führen, daß Kinder nun nur noch anspruchsvolle Kassetten hören. Auch wenn man die aufgesetzten Dramaturgien von Billigherstellern durchschaut, so mindert dies keinesfalls deren Anziehungskraft. Nur, indem Heranwachsende hin und wieder in die ästhetischen Abgründe steigen, ja, sich dort wohl fühlen, können sie anspruchsvolle Produktionen wahrnehmen und eigene künstlerische Standards setzen und genießen. Die kritische Reflexion von Hörspielen durch eigene künstlerische Aktivitäten und die nahezu unkritische Begeisterung über vordergründige, billige Effekte auf Billigprodukten schließen einander nicht aus. Oder wie es die sechsjährige Isabel ausdrückt: «Ich finde, daß Bibi Blocksberg Quatsch ist. Aber ich mag doch Quatsch. Wer mag denn schon keinen Quatsch?!»

So wenig die Produzenten auditiver Massenware den Anspruch haben, auch nur einen Schein von abwechslungsreicher, künstlerischer Gestaltung zu erwecken, so wenig kommt es umgekehrt Kindern auf *technisch perfekte* Eigenproduktionen an. Wir meinen damit nicht, daß Kinder keine Perfektionisten sein könnten und wollten. Nur haben sie einen anderen Begriff davon, was gut gelungen oder gar perfekt ist. Die Vorbilder aus dem Kassettenregal oder der Magazinsendung im Radio führen keineswegs zu einem letztlich nicht zu erreichenden Qualitätsmaßstab.

Heranwachsende gehen mit dem Produzieren von Hörstücken ähnlich um, wie sie auch ein kleines Kunstwerk oder ein Theaterstück einstudieren würden: Sie können meist ohne Probleme technische Unsauberkeiten, Unregelmäßigkeiten im Text oder kleine Nachlässigkeiten beim Sprechen aushalten. Nicht technische Perfektion steht für sie obenan, wichtiger ist vielmehr eine *Professionalität in der Produktion*, anders ausgedrückt: Es geht um die Erfahrung des Herstellens, des Gestaltens, die sich

Tips zum Selbermachen

im Zusammenspiel kindlicher Aktivitäten und unterschiedlicher kreativer Fähigkeiten zeigen. Zwar ist das Endprodukt nicht uninteressant, bringt es doch Spaß und macht stolz, die Kassette anderen vorzuführen. Doch bedeutsamer ist für Kinder die Gewißheit, im selbstproduzierten Hörspiel ein Ergebnis vor sich zu haben, das etwas über eigene handwerklich-künstlerische Fähigkeiten aussagt.

Die richtige Ausrüstung

Um eine gewisse Professionalität in der Produktion zu gewährleisten, gilt es allerdings einige Aspekte zu beachten, die unnötige Frustrationen vermeiden helfen.

– *Qualität des Kassettenrecorders:* Ein Gerät mit Batteriebetrieb eignet sich hervorragend für Aufnahmen im Freien. Allerdings bringt das ständige Vor- und Rückspulen einen erhöhten Stromverbrauch mit sich. Deshalb sollte man sich ein Gerät mit Netzanschluß anschaffen, das dann in Räumen den Betrieb über die Steckdose ermöglicht.
Einen einfachen, tragbaren Kassettenrecorder gibt es schon ab DM 100,-.

– *Mikrofon*: In der Regel haben Recorder ein eingebautes Mikrofon, das für die Mehrzahl der Eigenproduktionen reicht. Mit einem externen Mikro sind allerdings professionellere Aufnahmen möglich; z. B. kann man näher an die Geräusche (Stimmen, Blätterrascheln etc.) herangehen. Bessere (und entsprechend teurere) Mikros blenden Seitengeräusche aus und nehmen nur Töne aus der Richtung auf, in die sie gehalten werden.
Ein externes Mikrofon sollte am Griff einen Ein- und Ausschaltknopf haben. Ein Schaumstoffschutz um den Mikrokopf verhindert störende Nebengeräusche, vor allem Windgeräusche im Freien.

Ein Ständer ist eine nützliche Zusatzanschaffung; darauf kann das Mikrofon montiert werden, damit man die Hände für andere Tätigkeiten frei hat.

Checkliste für den Kauf eines Kassettenrecorders

- Kann man das Gerät unabhängig vom Stromnetz betreiben?
- Läßt sich zusätzlich zum integrierten, ein externes Mikro anschließen?
- Gibt es eine Buchse für den Anschluß von Kopfhörern?
- Gibt es manuelle Aussteuerungsmöglichkeiten, z. B. eine Rauschunterdrückung, eine Veränderung der Aufnahme- und Wiedergabegeschwindigkeit, eine Einstellung von Höhen und Tiefen? Existiert eine Aussteuerungsanzeige?
- Sind Überspielungen von einem anderen Gerät möglich? Ist ein Überspielkabel vorhanden?
- Ein Hinweis zu den Kassetten: Die teuersten sind nicht immer die besten! Und Leerkassetten mit langer Spieldauer (z. B. 120 Minuten) sind ungeeignet, da sie schnell kaputtgehen. Außerdem lassen sich auf kürzeren Laufzeiten die in der Regel nicht so langen Produktionen besser archivieren.

Tips und Tricks für die Produktion

Auch wenn Kinder über Unzulänglichkeiten ihrer Eigenproduktionen hinweghören, so sollten doch einige Hinweise beachtet werden, um Anfängerfehler zu vermeiden:

- Übergänge zwischen Szenen und Hörbildern sollten nicht mit der Stop-Taste gemacht werden. Elegantere Übergänge kann man mit der Pausen-Taste gestalten: Diese drücken, dann die Aufnahme(Record)- und Play-Taste drücken, dann die Pausen-Taste entriegeln. Damit dies ohne große Probleme gelingt, sind mehrere Probeversuche unabdingbar.
- Das eingebaute Mikro kann mit einem kleinen Stück Schaumstoff überklebt werden, um störende Nebenge-

räusche abzumildern. Allerdings muß man darauf achten, den Klebestreifen nicht über dem Mikro zu befestigen.

► Auch das externe Mikro kann man mit Schaumstoff umwikkeln, um bei Aufnahmen im Freien Nebengeräusche zu minimieren. Zugleich bietet der Schaumstoff Schutz vor Feuchtigkeit.

► Um Nebengeräusche zu verringern und Rückkoppelung zu vermeiden, ist das externe Mikro nie auf das Aufnahmegerät oder in dessen Nähe zu stellen. Wenn möglich, kann man mit einem Kopfhörer die Aufnahmequalität überprüfen.

► Generell empfiehlt sich eine kurze Sprechprobe, ebenso wie eine zeitlich begrenzte Probeaufnahme (z. B. bei Hörspielen oder -bildern). Mögliche Fehler kann man dann für die «richtige» Aufnahme vermeiden.

► Um eine bespielte Kassette vor einem unbeabsichtigten Löschen oder einem erneuten Überspielen zu schützen, kann man die Löschschutzlasche nach der Aufnahme abbrechen.

► Die Bearbeitung einer Aufnahme wird mit einem zweiten Gerät unter Verwendung eines Überspielkabels erheblich erleichtert.

Spiele mit dem Recorder

Der Kassettenrecorder ist aus der Sicht von Kindern so beliebt, weil er mit einfachsten Mitteln vielfältige Verwendungsmöglichkeiten zuläßt. Kinder sind kreativ genug, um eigene Spielideen mit Engagement in die Tat umzusetzen. Und die Ideen gehen ihnen in der Regel auch nicht aus. Deshalb wollen wir hier lediglich einige Anregungen für den spielerischen Umgang mit dem Kassettenrecorder geben.

Beim *Lärmkonzert* geht es darum, Geräusche mit dem Mund zu machen, z. B. brummen, lachen, schmatzen, rülpsen, summen ... Die Teilnehmer an diesem Spiel stellen ihr spezielles Geräusch vor, dann basteln sie am Ablauf der Geräusche und bestimmen einen Dirigenten, der den Lärm koordiniert und zu einem Orchester formt. Dafür ist es wichtig, sich gemeinsam über den Einsatz der verschiedenen Geräusche (nacheinander, zwei gleichzeitig, zu einem Zeitpunkt alle gemeinsam) ebenso abzustimmen wie über den Rhythmus, der bei geübten Kindern auch während des Stückes variieren kann. Der Kassettenrecorder wird während des Übens zur Kontrolle genutzt. Bei der «Aufführung» dokumentiert er das Stück.

Der Kassettenrecorder läßt sich exzellent für ein Geräusche-Kim einsetzen. Unter Kim-Spielen versteht man Spiele für alle Sinne: fühlen, riechen, schmecken, sehen und eben auch hören. Ein Geräusche-Kim kann beispielsweise ein *Geräusche-Raten* sein: Eine Gruppe macht Geräusche nach oder sucht nach Originaltönen (z. B. Straßenlärm, Vogelstimmen, Bahnhof, Schule, Kindergarten, Supermarkt, Sportplatz etc.), nimmt sie auf, spielt sie der anderen Gruppe vor und läßt dann die Geräusche erraten.

Man kann aber auch einen *Geräusche-Spaziergang* durchführen und läßt Kinder raten, an welchen Stationen die Wanderung vorbeigegangen ist.

Bei der Produktion einer *Geräusche-Geschichte* nimmt man fünf bis zehn Geräusche auf und fordert eine Gruppe von Kindern auf, dazu eine passende Geschichte zu erfinden. Man kann aber auch eine Geschichte erzählen und dazu vorher aufgenommene Geräusche einspielen. Statt der Verwendung von Geräuschen kann man Klänge nehmen und diese dann in kleinere Erzählungen einbauen.

Die Stimme eignet sich genauso für Spiele: Man kann mit ihr Geräusche imitieren, daraus *Hörbilder* oder Hör-Collagen zusammenstellen. Hörbilder und Hör-Collagen eignen sich insbesondere als Vorübungen für ein Hörspiel. Man kann im Hörbild Landschaften (z. B. eine Wiese im Sonnenschein, bei Nebel oder bei Nacht; einen See bei Windstille, Sturm oder Orkan), Spaziergänge (z. B. über Straßen, Felder, Hohlwege, auf dem Deich, über Bergkämme oder über verschiedenen Untergrund: Sand, Laub, Schnee) oder Archetypen (z. B. Hexen, Riesen, Feen) gestalten, dabei auf Sprache verzichten, sie nur durch die Verwendung von Musik, Klängen und Geräuschen «zeichnen».

Geräuschewerkstatt

Zweifellos spielen die Geräusche bei der Hörspielproduktion eine zentrale Rolle – und dies in zweifacher Hinsicht:
– Geräusche, Klänge und Musik ziehen Kinder in den Bann, machen die emotionale Tiefe des Hörerlebnisses aus. Und gerade Billigproduktionen verdecken ja ihre künstlerische Armseligkeit durch ein überzogenes Geräusche-Inferno, das Kinder gleichwohl fasziniert, nicht selten aber gefühlsmäßig (über)fordert.
– Deshalb hat die eigene Herstellung von Geräuschen einen doppelten Effekt: Durch das freiwillige Eintauchen in selbstgestaltete Hörbilder können angestaute Gefühle abgearbeitet werden, zugleich begeistert es die Kinder, mit Geräuschen zu experimentieren. Deshalb sollte die Arbeit mit Geräuschen an den Anfang gestellt werden, wenn es um den kreativen Umgang mit dem Kassettenrecorder geht. Die spielerischen Elemente und das Experimentieren mit Geräuschen schließen sich dabei nicht aus – die Geräusche-Collagen, Geräusche-Geschichten oder Hör-Kim-Spiele zeigen das.
Zweifelsohne kann man hervorragende Kassetten und CDs mit

Geräuschen, Klängen und Musik kaufen. Manches Hörspiel läßt sich durch die Verwendung professionell gemachter Hör-Elemente durchaus «verfeinern». Man muß also kein Purist sein und bei der eigenen Hörspielproduktion auf professionelle Unterstützung verzichten. Das Herstellen von Geräuschen macht aber viel mehr Spaß, als alles von der «Konserve» einzuspielen. Und: Selbständig hergestellte Geräusche klingen meistens besser als die in der Natur aufgenommenen. Da kann es sonst zu großer Enttäuschung kommen, wenn ein echter Wasserfall zum bloßen Rauschen verkommt oder ein Motorengeräusch zum nicht zu identifizierenden Geknatter.

Als kleine Hilfe folgt nun eine Liste – ohne Anspruch auf Vollständigkeit –, wie man verschiedene Geräusche erzeugen kann, so daß sie «echt» klingen. Ein Hinweis: Nicht alles klappt sofort! Nur Übung macht irgendwann den Meister!

Regen: Erbsen in ein Küchensieb schütten und dann damit kreisende Bewegungen machen. Oder: Sand oder Salz auf ein schräg gehaltenes Stück Papier rieseln lassen. Oder: Dicht vor dem Mikrofon Seidenpapier zerknüllen. Wenn der Regen stärker sein soll, dann kann man die Bewegungen schneller ausführen.

Hagel: Reis oder Erbsen in eine Pappschachtel rieseln lassen.

Wind: Mit einer Bürste über eine Pappe streichen.

Sturm: Leicht in ein Mikrofon pusten.

Donner: Murmeln in einen Luftballon füllen, den Ballon aufblasen und zuknoten. Diesen dann dicht vor dem Mikro hin- und herschütteln. Man kann aber auch ein großes Stück Pappe an einer Ecke festhalten und diese hin- und herschütteln.

Schiffstuten: Dicht vor dem Mikro über den Hals einer offenen Flasche blasen. Bei voller Flasche klingt das Tuten hell, ist wenig Flüssigkeit enthalten, dann klingt das Tuten dumpf.

Meeresbrandung: Mit einem Handfeger über ein großes, hängendes Papier streichen. Oder: Mit einer Bürste auf einem Kuchenblech im Takt einer Brandung hin- und herbürsten.

Pferdegetrappel: Zwei Kokosnußhälften im Rhythmus eines Pferdegetrappels aneinanderschlagen.

Bach: Wasser in eine mit etwas Wasser gefüllte Schüssel langsam und gleichmäßig eingießen.

Schüsse: Ein flaches Holzlineal mit voller Wucht flach auf einen Tisch schlagen. Oder: Luftballons vorher aufblasen und im entscheidenden Augenblick mit einer Nadel zerstechen.

Feuer: Vor dem Mikro Zellophan- oder Transparentpapier zerknüllen. Oder: Einige Streifen Alufolie mit etwa 1 cm Breite nebeneinander an einer Schnur befestigen und die Schnur so bewegen, daß sich die Streifen ständig berühren.

Zerspringende Fensterscheibe: Einige kleine, dünne Metallabfallstücke auf den Boden werfen.

Quietschende Reifen: Mit einer Gabel über einen alten Teller kratzen.

Unfallgeräusche: Einen Topf mit Besteck füllen und auf den Boden fallen lassen.

Unfall: Erst «quietschende Reifen» machen, dann eine Plastikschüssel mit allem möglichen Küchenkram aus niedriger Höhe fallen lassen und mit einer flachen Hand an die Schranktür klatschen.

Schritte: Schreibmaschinenpapier zerknüllen und im gewünschten Schrittrhythmus aneinanderreiben.

Schritte durch Herbstlaub: Wenn es geht, echtes Herbstlaub im passenden Rhythmus vor dem Mikrofon hin- und herreiben.

Schritte auf einem Steinweg: Zucker auf ein Papier streuen, und dann geht man mit den Fingern oder der Hand auf diesem Untergrund im Schrittrhythmus.

Schritte im Schnee: Ein Papiertaschentuch mit Mehl füllen und als Beutel zusammenknüllen. Diesen Beutel im Schrittempo in der Hand kneten.

Fahrender Zug: Ein Holzlineal mit Klebestreifen auf Kunststoffboden aufkleben und hin- und herschieben.

Fahrrad: Einen alten unbespannten Regenschirm hin und wieder etwas schütteln und mit einer Fahrradklingel läuten.

Türknarren: Den Hebel einer Schraubzwinge aus Holz langsam festdrücken, dann wieder etwas lockern und wieder festziehen.

Prügelei: Im Takt eines Kampfes mit den flachen Händen auf die Schenkel klopfen und dazu vielleicht einen Schmerzenslaut ausstoßen.

Telefonstimme: In einen Joghurtbecher hineinsprechen.

Gruselstimme: In eine große Blechdose oder einen Eimer mit verstellter Stimme sprechen.

(Vorproduzierte Geräusche kann man bei Happy Records, Oeder Weg 26, 60318 Frankfurt bestellen.)

Die eigene
Hörspielproduktion

Das Hörspiel stellt die «Krönung» der eigenen Werkstatt dar:
Mit dem Klang der Stimmen, einem Sprechrhythmus, mit Musikstücken und den Geräuschen hat man Spezifika zur Hand,
um Hörbilder entstehen zu lassen. Um diese Spezifika zur Geltung zu bringen, braucht man Zeit. Sprechübungen sind ebenso
notwendig wie Probeaufnahmen. Die Stimmen müssen ausgewählt, über die Bedeutung von Musik und Geräuschen muß
nachgedacht werden:

- Die Musik ist eben mehr als nur ein Pausenfüller oder dient
  der Unterbrechung von Szenen. Musik kann der Spannung
  ebenso dienlich sein wie der Entspannung.
- Geräusche kann man einsetzen, um Szenen naturalistisch zu
  untermalen und auszugestalten. Künstlerisch ansprechender
  ist eine andere Verwendung der Geräusche. Man kann sie
  symbolisch oder zur Charakterisierung (z. B. eines Raumes)
  benutzen. Ein tropfender Wasserhahn, der lange nachhallt,
  kann einen großen Raum versinnbildlichen, er kann auch
  Einsamkeit und Verlassenheit umschreiben. Oder man kann
  damit Spannung erzeugen.

Insgesamt plädieren wir für einen sparsamen Einsatz von Geräuschen und Musik, damit deren Qualität zur Geltung kommen.

Für den Anfang empfehlen sich kleine Geschichten, die einen roten Faden enthalten. Sie sollten nicht länger als zehn Minuten dauern, da man sich ansonsten schnell in Nebensächlichkeiten verliert und die Kinder die Lust an weiteren Produktionen verlieren. Wichtig ist es, einen Spannungsbogen zu gestalten. Besteht die Geschichte aus mehreren Szenen, sollte jede einen kleinen Spannungsbogen beinhalten. Besonders sorgfältig müssen die Stimmen ausgewählt werden. Sie sollten klar und deutlich klingen, wenn möglich, sollte der Sprecher nicht ablesen, sondern frei sprechen. Aber dies ist natürlich keine Bedingung! Bei der Textfassung sind kurze und präzise Dialoge hilfreich. Lange Sprechstücke wirken bei ungeübten Sprechern langatmig.

Checkliste für die Hörspielproduktion

- Der *Raum*, in dem das Hörspiel entsteht, muß frei von Nebengeräuschen und unerwünschten Störungen sein.
- Das eingebaute wie das externe *Mikro* sollte mittels Schaumgummi so eingerichtet sein, daß störende Geräusche oder der Atem der Sprecher nicht zu hören sind.
- Gibt es einen *zweiten Kassettenrecorder*, so kann man damit vorher aufgenommene Musik und Geräusche einspielen.
- Witziger und spannender ist es, *Geräusche und Musik* herzustellen und diese live in den Text einzubauen. Der Eindruck von Improvisation stört dabei nicht, sondern macht die Aufnahme eher «frisch». Das Material für Geräusche und die Musik müssen allerdings bereitliegen.
- Deshalb ist ein *Drehbuch* unverzichtbar, das den Handlungsablauf, die Verteilung der Sprecher, den Verantwortlichen für die Geräusche und für die Musik festlegen. Bei mehreren Personen empfiehlt sich ein Regisseur, der für einen reibungslosen Ablauf der Produktion sorgt.
- *Gestaltung des Drehbuchs*: Das Drehbuch besteht aus drei Teilen (vgl. das nachstehende Beispiel), die durch Striche ge-

Tips zum Selbermachen

trennt sind. Links stehen der Text und die Hinweise für den Sprecher, in der Mitte gibt es Hinweise für Geräusche und Musik, die rechte Spalte enthält Hinweise für den Regisseur oder zur Aufnahmetechnik (z. B. häufig zu benutzende Utensilien). Jeder Teilnehmer an der Produktion erhält dann sein Drehbuch.

▸ Der *Text des Drehbuchs* kann eine frei erfundene Handlung darstellen. Genauso interessant kann es sein, ein Bilderbuch oder eine kurze Geschichte aus der Kinderliteratur in Hörbilder zu überführen. Dies kann einer literarischen Vorlage eine neue Qualität geben. Das nachstehende Drehbuch basiert auf der Geschichte «Der Nachtvogel» von Ursula Wölfel und zeigt eine mögliche Umsetzung.

So sieht ein Hörspiel-Drehbuch aus

«Der Nachtvogel» von U. Wölfel
Drehbuch für ein Hörspiel

Text und Hinweise für Sprecher	Geräusche/Musik	Hinweise für Regisseure/ Aufnahmetechnik (Rolle/Utensilien)
Ein Junge hatte immer große Angst, wenn er nachts allein in der Wohnung sein mußte. Seine Eltern gingen oft am Abend fort. Dann konnte der Junge vor Angst nicht einschlafen. Er hörte etwas rauschen, und das war, als ob jemand im Zimmer atmete.		
Er hörte ein Rascheln und ein Knacken, und das war, als ob jemand am Fenster wäre.	Kratzen Knacken	Mit Zweigen über die rauhe Wand fahren. Zweige zerbrechen.
Aber viel schlimmer war der Nachtvogel. Der Junge sah ihn immer ganz still draußen auf der Fensterbank sitzen, und wenn unten ein Auto vorüberfuhr, schlug der Vogel mit den Flügeln, und der Junge sah den riesigen Schatten von den Flügeln an der Zimmerdecke.	Autogeräusche	Mit dem Mund machen. Von Geräuscheplatte.
Der Junge erzählte seinen Eltern von der Angst. Aber sie sagten nur: «Stell dich doch nicht an! Du	Text	Vater

bildest dir das alles nur ein.» Und sie gingen immer wieder am Abend fort, weil sie den Vogel nicht sehen konnten, weil sie das alles nicht glaubten.		
Einmal war der Junge wieder allein, und es schellte an der Wohnungstür. Pause	Schellen	Klingel
Der Junge wurde steif vor Angst. Pause		
Wieder schellte es. Es schellte und schellte. (nicht lesen)	Schellen Dauerschellen	– " – – " –
Dann war es still, lange Zeit war es ganz still.		
lange Pause		
Dann kratzte etwas an der Hauswand. Das war der Vogel! (ängstliche Stimme)	Kratzen Text	Mit Holz an der Wand. Junge
(Stimme steigert sich) Jetzt klettert er mit seinen Krallen an der Mauer hoch. Jetzt war er an der Fensterbank.	Kratzen hält an Text	Junge
Und jetzt schlug er mit seinem Schnabel an die Scheibe!	Schlag	Mit Holz auf Holzstuhl.

Einmal!	Schlag	
Zweimal!	2 Schläge	
Immer wieder, immer lauter, und	Dauerschläge	
gleich würde das Glas zerbrechen,		
gleich würde der Vogel ins		
Zimmer springen!		
Der Junge packte die Blumenvase		
vom Tisch neben dem Bett. Er		
schleuderte sie zum Fenster.	Glas zerbricht	Flaschen in Plastiktüte
		zerschlagen.
Das Glas zersplitterte. Wind fuhr	Wind	Mit Mund machen oder
ins Zimmer, daß der Vorhang hoch		Geräuscheliste.
an die Wand schlug, und der Vogel		
war fort.		
Auf der Straße unten hörte der	«Udo, Udo ...»	Vater/Mutter
Junge seine Eltern rufen.		
Er rannte auf den Flur, er fand im	Schritte	Mit Füßen
Dunkeln sofort den Lichtschalter	Schaltgeräusch	Lichtschalter
und den Knopf vom Türöffner. Er	Öffnergeräusche	Türöffner
riß die Wohnungstür auf und lief	Tür öffnen/Schritte	
den Eltern entgegen.		
Er lachte, so froh war er, daß sie	Lachen/Rufen	Junge
da waren.		
Aber sie schimpften. Ihre schönen		
Ausgehkleider waren naß		
vom Blumenwasser.		

Tips zum Selbermachen

«Was soll denn das wieder heißen? Jetzt ist die Scheibe kaputt!»		Vater
«Und mein Mantel! Sieh dir das an!»		Mutter
«Der Nachtvogel war am Fenster. Der Nachtvogel hat mit seinem Schnabel ans Fenster gepickt.»		Junge
«Unsinn! Wir hatten den Schlüssel vergessen, und du hast das Schellen nicht gehört. Darum haben wir mit einer Stange vom Bauplatz an dein Fenster geklopft.»		Vater
«Es war der Nachtvogel, wirklich! Der Nachtvogel war es!»		Junge
Aber die Eltern verstanden das nicht. Sie gingen immer wieder am Abend fort und ließen den Jungen allein.		
Er hatte immer noch Angst, er hörte immer noch das Rauschen und Rascheln und Knacken. Aber das war nicht so schlimm.	Rascheln / Knacken	Äste
Denn der Nachtvogel kam nie mehr wieder, den hatte er vertrieben. Er selbst hatte ihn vertrieben, er ganz allein.		

Kapitel 4

Volker Berniuns, Renate Ehlers, Mareile Gilles

«Was hören wir denn heute?»

Hörclubs an Grundschulen

Sie heißen Lauschangriff, Rotes Ohr, Club der abgefallenen Ohren, Hör-Kids, Ohrwurm oder Ohrenschmalz: Ihren Namen haben sich die Kinder in den Hörclubs an hessischen Grundschulen selbst gewählt. Seit Februar 1999 treffen sie sich einmal in der Woche außerhalb des Unterrichts, um positive Hörerfahrungen zu machen.

Hierzu eingeladen wurden die Schulen von dem 1999 gegründeten Verein Zuhören e.V. (siehe S. 179f.). Dieser hat sich auf Initiative des Hessischen Rundfunks in Frankfurt/Main zum Ziel gesetzt, das Zuhören zu fördern.

Wie es im Hörclub zugeht, zeigen folgende Beispiele.

Ohrenmassage und Geräusche erkennen

In der Zentgrafenschule werden die Kinder täglich bis halb vier Uhr betreut. Die Grundschule in Frankfurt-Seckbach bietet ein umfangreiches Nachmittagsangebot: von der Hausaufgabenbetreuung übers Kochen bis zum Sport. Montag nachmittag zwischen 14 und 15.30 Uhr treffen sich die Kinder des Hörclubs: die «Hörbande der Zentgrafenschule», wie sie sich nennen. An der Tür zu ihrem Clubraum haben sie ein Hörclub-Plakat angebracht und damit den Raum für alle sichtbar okkupiert – zumindest einmal in der Woche. An den restlichen Nachmittagen wird er von anderen Gruppen genutzt. Die Bastelgruppe hat bunte Papierschlangen hinterlassen, die in dichten Büscheln von der Decke hängen. Nach und nach trudeln die Kinder ein – heute sind es nur 10 von 15, die anderen sind auf Klassenfahrt – und setzen sich an eine Tischecke, die auf der einen Seite des Raumes eingerichtet ist. Die andere Seite ist leer – bis auf eine Reihe schmaler grüner Matratzen, die direkt neben dem Schrank mit der Stereoanlage an den Wänden liegen. Die Betreuerin, Kathrin Gordan, legt die CD mit dem «Klang des Tages» ein. Was die Kinder hören werden, wird vorher nicht verraten: Heute ist es der «Singende Sand».

Das Display auf der Anlage pulsiert in allen Farben. Die Kinder nehmen ihre bevorzugte Hörhaltung ein: Einige legen den Kopf in die Armbeuge, andere schließen die Augen, wieder andere zeichnen dazu. Ein tiefes Brummen wabert durch den Raum, dringt durch die Kleider und läßt den ganzen Körper vibrieren: Es ist ein Hören mit dem ganzen Körper, dem sie hier ausgesetzt sind. Dann tauschen die Kinder aus, was ihnen dabei an inneren Bildern durch den Kopf ging. Ein Kind sah eine Felsspalte vor sich, in die Wasser gurgelnd herein- und wieder herausgesogen wurde. Die anderen hörten Sand, Wasser, Wind und Vögel. Die Kinder brennen darauf, die Bilder, die der Klang in ihnen auslöste, auszutauschen. Die Auflösung des Rätsels – Was war da zu hören? –, ist schon nicht mehr so wichtig. Beim letzten Treffen sollten sie den «Klang des Tages» malen. Das Ergebnis hängt nun an der Pinnwand: Bunte Zickzacklinien winden sich über die Blätter, bilden Wolken oder ähneln EKG-Diagrammen. Und was für ein Geräusch war es wirklich? Keine Mülltonne, die geleert wurde, wie ein Junge vermutet hatte: Wenn sich heiße Lava unterhalb der erkalteten Oberfläche noch bewegt, dann gibt es dieses splitternde Geräusch, das die Kinder auf der Kassette gehört hatten.

Nach dem «Klang des Tages» erklärt Kathrin Gordan, was sie für heute mitgebracht hat. Es ist keines der Hörspiele, die die Kinder sonst an dieser Stelle hören, sondern eine Geräusche-Kassette. Doch zuvor leitet die Betreuerin eine Ohrenmassage an: Mit den Fingerspitzen die Ohren rauf und runter massieren, bis sie heiß und rot sind. Die Kinder reiben sich gickelnd die Ohren. Dann wappnen sie sich mit Zettel und Stift für das erwartete Hörerlebnis. Wieder sollen sie das Gehörte erraten. Ihre Hörleistung ist gefragt, die Stimmung im Raum wird «schulisch». Ein knatterndes Gefährt poltert vorbei – es ist ein Traktor, Wellen rauschen, Schweine quieken, eine Kugel kullert über eine Roulettedrehscheibe. Hinter aufgestellten Mäppchen hocken die Dritt- und Viertkläßler und notieren eifrig ein Geräusch nach dem anderen. Für die aufmerksamen Ohren der Hörclub-Kids eine der leichtesten Übungen: Jedes Geräusch können sie gleich richtig zuordnen.

Es folgt der aktive Teil des heutigen Clubtreffens. Ein Teil der Gruppe bleibt im Klassenraum, um dort Geräusche aufzunehmen, die anderen dürfen raus in den Schulhof. Ein einfacher Kassettenrecorder mit eingebautem Mikrofon genügt, um die verschiedensten Dinge akustisch festzuhalten. Die zehnjährige Katharina reckt sich auf die Zehenspitzen, um das Rauschen der Blätter einzufangen. Janina hält den Recorder in den Wind, und Benjamin sucht nach den Vogelstimmen. Der zehnjährige Daniel schaufelt Sand aus dem Sandkasten und läßt ihn auf trockene Blätter rieseln: Ein leises prasselndes Geräusch wird auf Kassette gebannt. All das werden die Kinder, die im Schulhaus geblieben sind, versuchen zu erraten. Doch der Umgang mit dem Recorder will gelernt sein. Die Aufnahmen sind sehr kurz. Es knackt laut bei jedem Ein- und Ausschalten. Manchmal ist außer einem Grundrauschen kaum etwas auf Band zu hören. Trotzdem wird wieder fast alles erraten. Während ich mich noch frage, wann wohl das nächste Geräusch einsetzt, haben die Hörclub-Kinder es längst aus dem allgemeinen Rauschen herausgehört. Zuletzt soll getauscht und die Geräusche-Sammlung der anderen Gruppe geraten werden. Doch da klingelt es, und die Kinder packen in Sekundenschnelle ihre Mäppchen und Ranzen zusammen. Keine zwei Minuten dauert es, und sie sind verschwunden. Nächsten Montag kommen sie wieder.

Hörtagebücher und Hörspiele

In der Walter-Kolb-Schule in Sossenheim bei Frankfurt-Höchst geht es ungezwungener und um einiges lauter zu. Diese Schule – eine Grund- und Hauptschule mit insgesamt 422 Schülern – hat einen Ausländeranteil von über 50 Prozent, was bedeutet, daß für viele Deutsch nicht die Muttersprache ist. Die 15 Kinder des Hörclubs, alles Zweitkläßler, kommen aus den unterschiedlichsten Gegenden der Welt. Der neunjährige Ngoc Duy ist aus Vietnam, Kybret, ebenfalls neun, kommt aus Eritrea, ein Italiener, ein Marokkaner und mehrere Türken sind darunter. Ihr Clubraum ist ein großes Spielzimmer: das einzige «Teppichzimmer» der Schule. «Wir sind die Hörclub-kids Lauschangriff» steht in großen Lettern auf einem Plakat an der Wand. 15 verschmitzte Kindergesichter sind darauf zu sehen. Daneben hängen Papierfiguren, ausgeschnitten und mit Buntstiften bemalt: Das ist «Detektiv Dünkelstein», der Held einer der Hörkassetten, die sie hier gehört haben. Immer wieder bestehen sie darauf, die Dünkelstein-Erkennungsmelodie zu hören. Die meisten können sie längst auswendig mit-singen.

Bevor es heute losgehen kann, müssen die Hörclubkids erst mal die Bauklötze wegräumen, die die vorangegangene Spiel-gruppe über den Fußboden verteilt hat. Ein mächtiges Ge-klapper und Gepolter setzt ein, die Holzklötze knallen in die Kiste, alle scheinen auf einmal zu reden, manch einer ver-sucht sich schreiend durchzusetzen. Einer der Betreuer – in diesem Club sind sie zu zweit – erklärt leise, wie der Kasset-tenrecorder bedient wird. Doch der neunjährige Florian braucht keine Hilfestellung. Gekonnt stöpselt er die Lautspre-cherkabel ein und setzt das Gerät in Gang. Jetzt ist es soweit: Alle haben sich in einem Kreis auf dem Boden versammelt. Bernd Petrich, der den Club mit seiner Kollegin Barbara Völp betreut, hat den Kindern einen Klang mitgebracht. Den hält er in den gefalteten Händen. Wenn er die Hände schüttelt, ist wie aus der Ferne ein feiner Gong zu hören. «Eine Klangkugel!» rufen die Kinder, und das ist richtig. Diese Klangkugel sollen sich die Kinder nun weiterreichen und zwar so, daß dabei nicht das mindeste Geräusch entsteht. Vorsichtig, mit spitzen Fingern greifen sie die schwere Kugel und geben sie weiter. Schwieriger wird es, wenn sie dabei die Augen schließen. Jetzt geht es nicht mehr nur darum, jeden, selbst den geringsten, Klang zu erfassen, sondern auch darum, zu spüren, was der Nachbar macht, die Hand des nächsten tastend zu suchen: Alle anderen Sinne sind plötzlich gefragt, wenn der Sehsinn ausgeschaltet wird.

So eingestimmt auf das Hören, sind die Kinder aufnahmebereit für ein Hörspiel. Die Betreuer teilen Kopien aus, auf denen scherenschnittartige Figuren abgebildet sind. Die Kinder sollen diesen Figuren die Personen des Hörspiels zuordnen. Es läuft: «Das Geheimnis der schwarzen Kassette», ein Kinderkrimi. Während des Hörens flüstern sich die Kinder gegenseitig die Namen der Personen zu. Ein Junge läuft im Raum herum, fällt gelegentlich über einen anderen her, bis ein dritter «Ruhe» schreit. Ein vierter liegt ganz still auf einem der weichen Polster und zeichnet mit dem Finger Spuren in den Teppich. Die Mädchen bleiben ausnahmslos an ihrem Platz, malen, tuscheln und hören zu. Aber auch die Unruhigsten unter den Jungs haben am Ende alles mitbekommen. Das stellt sich heraus, als die Kassette kurz vor Schluß angehalten wird und die Kinder die Namen der Personen sammeln, die sie erkannt haben. Die Kinder haben offensichtlich eine ganz individuelle «Hörökonomie», denn selbst die Unaufmerksamsten unter ihnen haben Namen mitbekommen. Dann versuchen sie den mutmaßlichen Täter zu ermitteln. Daß es die Putzfrau gewesen sein soll, die die Eisdiele überfallen hat, damit hätten sie allerdings nicht gerechnet. Zu guter Letzt schneiden sie die Figuren aus und kleben sie auf einem Bogen Papier zu einzelnen Szenen zusammen. Das heißt, einige tun das. Andere schreiben ins Hörtagebuch – dort notieren sie, welcher Klang ihnen besonders gefallen hat und was sie von dem Hörspiel halten – oder toben sich weiter auf den Sitzkissen aus.

Bevor sie gehen, wollen dann alle noch mal das Hörspiel von dem Feuerdrachen hören, das sie zusammen aufgenommen haben. Bei diesem Hörspiel waren *sie* die Autoren, Schauspieler und Geräuschemacher. Nur die Mischung übernahm Bernd Petrich zu Hause am Computer. Tief brummend haucht der Drache den mutigen Seemännern und -frauen seine bedrohlichen Botschaften entgegen. Der Junge, der den Drachen spielte, spricht jedes Wort beim Hören mit. Alle können sie ihren Text noch auswendig, und daß es so ordentlich zischt und pfeift, wenn der Drache Feuer speit, darauf sind sie besonders stolz. Das, verrät einer, sei nur ein Dampfbügeleisen!

Hinhören und Reagieren

In der Palmbergschule in Frielendorf im Schwalm-Eder-Kreis in Nordhessen beginnt der Hörclub «Rotes Ohr» jeden Mittwoch und Donnerstag in zwei Gruppen ab Viertel nach zwölf immer mit einem Ritual, mit der Papageienrunde:

Hanna ruft hallo – alle rufen nach, Laura stampft auf den Boden – alle stampfen nach, Melanie zuckt mit den Schultern und pustet – alle zucken mit den Schultern und pusten. Genau hinhören, hinschauen und reagieren ist gefragt, jedes Kind sucht sich dabei seinen eigenen Klang aus. Dabei werden immer wieder neue Höraktionen entwickelt, um die anderen 15 Kinder von der Eingangsstufe bis zur dritten Klasse im Dachgeschoß der Alten Dorfschule zu begrüßen. Den Raum haben sich die Kinder mit Hilfe der Eltern selbst eingerichtet: Stühle stehen im Kreis, die Wände sind geschmückt mit Bildern und Tüchern, ein Sofa und Sessel und Matratzen laden zum bequemen Hören ein.

Beim zweiten Ritual herrscht konzentrierte Stille: Clubbetreuerin Ulrike Kany bereitet auf den «Klang des Tages» vor. Die Stereoanlage füllt den ganzen Raum mit einem tiefen, voluminösen Klang, vielen rhythmisch überlagerten «Blubb, blubb, blubb»-Geräuschen. Da die Kinder nicht wissen können, woher der Klang stammt (aus gärenden Weinfässern) vergleichen sie den Höreindruck mit ihren bisherigen Erfahrungen: Wassertropfen, Tropfsteinhöhle ... – alle erdenklichen Assoziationen werden genannt. Es ist nichts richtig und nichts falsch, weil es nicht um das Erraten des Geräuschs geht. Die Kinder erzählen, an was sie der Klang erinnert, was er ihnen bedeutet oder welche Bilder und Erlebnisse ihnen dazu einfallen. Der Klang schickt die Kinder auf eine Phantasiereise zu neuen Bildern, die in ihren Köpfen entstehen und die sie sprachlich ausdrücken und mitteilen. Jedes Kind hat seine eigene Hörmethode, die durch die Erfahrungen im Hörclub gefördert wird, meint die zweite Betreuerin, Martina Gottwald.

Ohren aufwärmen und Töne fühlen

In der Kohlheckschule in Wiesbaden beginnt Betreuerin Heidrun Eser den Hörclub immer mit dem Anschlagen einer Klangschale. Diese haben alle Kinder schon in der Hand gehalten und dabei festgestellt, daß man Töne auch fühlen kann. Danach gibt es zum Anfang der Stunde immer Spiele, die die Ohren aufwärmen, z. B. das bekannte «Bello-der-Knochen-ist-weg-Spiel». Zunächst werden einem Kind die Augen verbunden. Lauschen und Schleichen heißt es nun. Ein anderes Kind soll sich so leise anschleichen, daß «Bello» nicht merkt, wer ihm den Knochen weggenommen hat. Danach kann «Bello» zeigen,

wie gut er zugehört hat, und versuchen, das Kind mit dem Knochen zu finden.

Geschichten und Krimis hören und danach malen, Interviews
auf Kassette aufnehmen, Spielen mit dem Hören, sich nach Musik bewegen – das macht den Kindern Spaß. Für den einen sind
leise Spiele mit dem Hören wichtiger, die anderen freuen sich
mehr auf Geschichten und Hörspiele, durchleben sie intensiv
und bewußt.

Im Hörclub stehen Hören und Zuhören an erster Stelle, sie bekommen einen anderen Stellenwert als zu Hause, wenn Radio
und Fernseher nur nebenbei laufen. Durch die regelmäßige
Konzentration verändert sich die Hörhaltung. Im Hörclub hat
Hören eine andere Intention als in der Freizeit: Hier kommen
die Kinder voller Spannung und Erwartung her: «Ich möchte
jetzt gerne etwas hören – Was hören wir denn heute?»

Zuhören als Einladung
zur Konzentration

Zuhören spielt in nahezu allen Lebensbereichen eine zentrale Rolle. Die Fähigkeit zuhören zu können, entscheidet darüber, wie öffentliche und private Kommunikationsprozesse gelingen.

Lehrer und Erzieher bemerken in Schulen und Kindergärten, daß die Fähigkeit, sich konzentrieren zu können, immer mehr schwindet. Sie beobachten, daß Kinder nur schwer *eigene* Bilder herstellen oder auch einfach nur «Stille aushalten» können. Kinder sind heute kaum noch gewohnt, ohne Bilder zu hören. Wer täglich schon als Sechsjähriger zwei Stunden vor dem Fernseher sitzt, wer sich von früh bis spät selbst einer Geräuschkulisse aussetzt oder überall ausgesetzt sieht, dem macht es mehr Mühe, sich ausdauernd einer Sache zu widmen, konzentriert zuzuhören oder gar differenziert Zwischentöne wahrzunehmen.

Die Musikpädagogin Dorothée Kreusch-Jakob hat in ihrer Arbeit festgestellt, daß viele Kinder nicht mehr horchen und lauschen können, weil sie «zugedröhnt» sind und so nichts mehr spüren: «Zu viele Reize treffen auf das Ohr und bringen das Kind eigentlich aus dem Gleichgewicht. Es ist interessant, daß ja in unserem Ohr das Gleichgewichtsorgan sitzt, man könnte diesen Befund auch auf das seelische Gleichgewicht übertragen. Zu viele Reize schaffen Unruhe, und diese Unruhe muß irgendwohin.»

Um Gleichgewicht herzustellen zu können, brauchten Kinder Bewegung, so die Musikpädagogin weiter: «Neben das Thema Stille und Horchen-Können möchte ich deshalb ein weiteres Thema stellen: Daß die Kinder sich bewegen lassen und das bewegen und rauslassen, was sie innerlich bewegt, oder was sie bedrückt, was ihnen zuviel wird.»

Stille heißt für Dorothée Kreusch-Jakob «ganz Ohr» sein, keine absolute, tote Stille, die bedrückt, sondern ein Raum, in dem Konzentration hergestellt werden kann. Stille als Leere, aus der etwas entstehen, aus der Schöpferisches werden kann. Stille sollte wieder zu einer Kultur werden, in der Phantasie und innere Bilder entstehen können, eine tägliche liebe Gewohnheit, die die Atmosphäre in Gruppen und Klassen bestimmen kann.

Stille, das heißt Horchen und Lauschen als Voraussetzung und Mittel, sich und andere wahrzunehmen, Zuhören möglich zu machen und die Wurzeln der eigenen Kreativität zu erschließen.

Und wer Stille üben und für sich erleben kann, ist davor eher gefeit, nur den lautesten Impulsen nachzugeben, nur auf den zu hören, der sich am lautesten bemerkbar macht.

Konzentriertes Zuhören muß gelernt und trainiert werden. Zuhören ist nicht von vornherein da, Kinder können lernen, mit anderen Ohren zu hören. Bestimmt nicht so, wie es tausendfach jeden Tag in Familien und Schulen ertönt als pädagogischer Notruf: «Nun seid doch mal still!» – «Hört doch endlich zu!» Kinder lernen Hören und Zuhören hier nur mit Zwang per Anordnung und Befehl kennen. Leider ist Hören und Zuhören in pädagogischen Zusammenhängen häufig noch mit solchen negativen Gefühlen verknüpft, wird nicht als etwas erlebt, das man gerne und freiwillig annimmt:

Verordnete Stille; befohlene Aufmerksamkeit? Aufmerksamkeit und Stille lassen sich nicht durch Anweisung herstellen oder gar auf Kommando einüben.

Vielmehr bedarf es der Übung und Erfahrung, sich gegenseitig zuzuhören, dem anderen seine Aufmerksamkeit und Zeit zu schenken, eine annehmende und achtende Haltung zu entwickeln.

Kinder begeistern sich grundsätzlich fürs Hören. Hörclubs

knüpfen an diesem Interesse an: Für Geschichten und Krimis von CD und Kassette, für Klänge der Natur beim Hörspaziergang, für Vorlesestunden in der Gruppe.

Kinder haben zunächst ein sicheres Gespür für das Wechselspiel zwischen Spannung und Entspannung, Aktivität und Ruhe, bis der Rhythmus der Erwachsenenwelt, der Rhythmus der Bilder immer früher ihren Alltag bestimmt. Lehrer beobachten, daß für Kinder die Grunderfahrung bedeutsam für ihr Zuhörbewußtsein sei, wie sie *selbst* wahrgenommen werden, wie ihnen selbst zugehört wird. Durch die vielen Reize der akustischen und visuellen Mitteilungen seien Kinder selbst zunehmend unsicher, welchen Wert Informationen überhaupt haben, wie Mitteilungen zu bewerten seien und was an Kommunikation im Umgang mit anderen stimme.

Gerade weil darüber hinaus die Geräuschumwelt inflationär ist, muß im akustischen Bereich eine Kompetenz entstehen, die es möglich macht, das Wesentliche vom Unwesentlichen trennen zu können.

Das alles aber ist kein Grund in kulturpessimistische Resignation zu verfallen oder die Bilderwelten zu verteufeln. Die Angebote der Hörclubs setzen einfach an einem anderen Sinn, an der Zuhörbereitschaft der Kinder an, an der Neugierde *wahrzunehmen*.

Intensiveres Zuhören ist in vielen Bereichen eine «ungewöhnliche», nicht alltägliche Haltung. Im Hörclub werden Hörangebote zu etwas Besonderem.

Hören und Zuhören wird im Hörclub zum Mittelpunkt: Nicht das tägliche Zuhörenmüssen oder das Zuhörensollen im Schulalltag ist hier gefragt, sondern das Zuhören*wollen*.

Hören und Zuhören erhalten durch die Hörclubs einen erkennbaren Stellenwert, der sich in der wöchentlichen Frage ausdrückt: «Was hören wir denn heute?»

Kinder kommen in den Hörclub, um zu hören. Zuhören ist Ziel und Hauptbeschäftigung. Zeit und Raum sind für das Zuhören

und für Spiele reserviert, bei denen es aufs genaue Hören an-
kommt.

Hörclubs machen das Zuhören zum Vergnügen. Kinder können
erfahren, daß das Zuhören bei qualitativ anspruchsvollen Kin-
derhörspielen, bei Lesungen, beim Assoziieren zu Klängen und
Geräuschen innere Vorstellungswelten weckt, die Phantasie anregt und den Erfahrungshorizont erweitert.

Organisation

Hörclubs sind ein Freizeitangebot einer Schule. Sie basieren auf
einer Vereinbarung zwischen dem Verein Zuhören e.V. und der
Schule. Die Schule gewährleistet die Durchführung der Clubtreffen, Zuhören e.V. liefert das Materialpaket. Die Treffen finden entweder im Anschluß an den Unterricht oder am Nachmittag statt. Kinder der Klassen 1–4 können freiwillig und
kostenlos mitmachen. Wer Lust hat (und wenn noch ein Platz frei
ist), kann Clubmitglied werden und bekommt einen Clubaus-
weis. Betreut werden die Hörclubs in der Regel von Lehrerinnen
und Lehrern oder von Eltern. Die Schule stellt einen Raum für
den Hörclub zur Verfügung. Die Clubmitglieder richten sich diesen Raum nach ihren eigenen Wünschen und Bedürfnissen ein.
   Die Räume sollen fürs Zuhören geeignet sein oder dafür besonders hergerichtet werden. Wenn zuviel Hall von Wänden
oder Glasfenstern reflektiert wird, müssen alle lauter sein, damit
sie sich verstehen können. Deshalb wird mit Teppichen oder
Wandverkleidungen störender Schall niedriger gehalten. Auch
Fensterbekleidungen können als zusätzliche Schalldämmung
empfohlen werden. Wer auch leisere Hörspiele noch verstehen
will, sollte darauf achten, daß der Hörclubraum nicht noch von
außen «beschallt» wird z. B. durch den Straßenverkehr. In den
meisten Clubs helfen die Eltern mit bei der Einrichtung, z. B.

durch bequeme Sitzgelegenheiten wie Sofas oder Matratzen. In den Clubräumen gibt es häufig ein Hörregal für Kassetten, CDs, Karteikarten, Bücher, Klanginstrumente und für Material zum Malen, Verkleiden und Spielen.

Pädagogische Ziele

Zuhören
... fördert die Fähigkeit, sich in eine Geschichte, einen Sachverhalt, ein Geschehen oder in eine andere Person hineinzuversetzen;
... unterstützt das innere Vorstellungsvermögen, die Phantasie und inspiriert zu eigenem künstlerischen Ausdruck und Schaffen (Malen, Spiel, Bewegung);
... regt zum Gedankenaustausch und zur sozialen Interaktion in der Gruppe an, unterstützt das soziale Miteinander und kann helfen, Konflikte zu lösen;
... hilft das Ohr aufzuschließen für die Klänge und Geräusche der akustischen Umwelt und stärkt das Erkennungs- und Unterscheidungsvermögen für Medienangebote;
... läßt die akustische Umwelt bewußt wahrnehmen und das innere «akustische Gedächtnis» aufbauen – als eine wichtige Orientierungshilfe in unserer komplexen, reizüberfluteten Welt;
... stärkt das Selbstbewußtsein und fördert die Konzentration.

Ablauf der Clubtreffen

Manche Betreuer der Hörclubs wollen eine ganz feste Struktur, andere verzichten auf einen ritualisierten Ablauf.
Mal sind es Phantasiereisen mit Meditationsmusik, eine Klangschale als Begrüßungssignal, der «Klang des Tages», ein Spiel oder eine Ohrenmassage: Damit beginnen die Hörclub-

stunden. Zunächst sollen sich die Kinder auf den Hörclub einlassen, zur Ruhe kommen und locker werden. Der «Klang des Tages» will das Interesse lenken auf die Phantasie und auf die Vorstellungskraft, die die (meist) unbekannten Geräusche und Klänge auslösen. Dabei ist zunächst nicht wichtig, ob die Kinder das Geräusch einer Rolltreppe erkennen können oder ob sie wissen, wie der Urwaldvogel heißt, der da singt. Wenn sich die Kinder über das, was sie gehört haben, austauschen, soll kein Wettbewerb entstehen, wer nun mit seiner Antwort «richtiger» liegt.

Im Mittelpunkt der Hörclubstunde steht das Hörspiel, die von guten Sprechern vorgetragene Geschichte oder der spannend gemachte Krimi. Längere Hörstücke werden unterbrochen – Fortsetzung folgt beim nächsten Mal. Immer wird über das Gehörte gesprochen und diskutiert. Am meisten Spaß aber haben die Kinder an Aktivitäten wie Malen, Sich-Verkleiden, eine Geschichte nachspielen.

Aktives Zuhören im Hörclub – hier hat jeder seine eigene Hörhaltung: Das kann im Liegen sein, bequem auf Matratzen, das kann direkt vor dem Abspielgerät oder hinter dem Vorhang sein oder im Sessel: Jeder sucht sich den Platz aus, an dem er am besten aufnehmen kann. Ob stillsitzend oder in Bewegung: Die Kinder wissen selbst, wie sie zuhören wollen und wie sie dabei viel mitbekommen.

Das Hören findet in einem Freiraum statt, und das verbinden die Kinder mit positiven Erfahrungen.

Durch aktives Zuhören werden auch weitere kreative Möglichkeiten herausgefordert. Ob beim Schreiben eines Hörspiels, bei Aufnahmen mit Kassettenrecordern und Mikrofon, beim Tanzen, Erzählen, Meditieren, Musizieren, Malen, Bewegen, Singen oder bei Entspannungsübungen: Alle Sinne sind mit im Spiel.

Materialpaket

Der – auch aus Sicht der Kinder – wichtigste Bestandteil des Materialpakets für die Hörclubs sind die Hörkassetten und CDs. So unterschiedlich die Hörproduktionen auch sind – von Bärengeschichten über spannende Kinderkrimis bis hin zu Musik-Hörspielen – gemeinsam ist ihnen, daß sie mit großer Sorgfalt aus der kaum noch überschaubaren Vielzahl der Kinder-Produktionen von Verlagen und aus den Rundfunkanstalten ausgewählt sind. Dabei wurde vor allem auf eine hohe produktionstechnische und künstlerische Qualität und auf spannende, die Kinder ansprechende Geschichten geachtet. Außerdem sollen die Hörproduktionen zu eigenen Spielen und kreativen Aktivitäten anregen. Da die Kinder aus vier Altersjahrgängen und mit sehr unterschiedlichen Hör-Erfahrungen in den Club kommen, gibt es Produktionen für «Höreinsteiger», für «Hörerfahrene» und für «Hörprofis». Die Verlage und Rundfunkanstalten haben die ausgewählten Kassetten den Hörclubs als Spende zur Verfügung gestellt.

Das sind die ersten acht Kassetten, die die Hörclubs erhalten:
- «Das Geheimnis der schwarzen Kassette», eine amüsante Detektivgeschichte um den Detektiv Dagobert Dünkelstein. HR
- «Pu der Bär: Ferkel trifft ein Heffalump», unnachahmlich gelesen von Harry Rowohlt und als Hörbuch des Jahres 1998 ausgezeichnet. Kein & Aber Records
- «Gehen wir heim, kleiner Bär», eine Bärengeschichte für die Kleinen. Jumbo-Verlag
- «Ein klarer Fall», ein Kinderkrimi, in dem Isabella, die Tochter der Eisdielen-Besitzer, mit ihrem Freund Boris dem Täter auf die Spur kommt. HR
- «Das Schloßgespenst von Saarbrücken», eine gespenstischabenteuerliche Zeitreise. Ohrwurm-Kinderhörspiele
- «Wenn du da bist, sieht man nichts», eine Geschichte über die

Dunkelheit, die das Hören selbst zum Thema macht.
HR/WDR/BR
► «Tranquilla Trampeltreu, die beharrliche Schildkröte», eine musikalische Fabel, erzählt von Michael Ende. Deutsche Grammophon Junior
► «Kai aus der Kiste», ein Kinderbuchklassiker um eine Kinderbande aus den 20er Jahren. Patmos Verlag

Die Hörkassetten und CDs sind nicht nur mit kurzen Quellen- und Inhaltsangaben, sondern auch mit auf die jeweilige Geschichte abgestimmten Spieltips versehen. Da wird das Heffalump aus «Pu der Bär» phantasievoll geknetet, da verkleiden sich die Clubkinder nach dem Hören von «Das Schloßgespenst von Saarbrücken» als Gespenst, da wird zur Detektivgeschichte ein Stadtplan gezeichnet.

Zusätzlich gibt es einen Satz von Karten mit weiterführenden Spieltips, die zum spielerischen, aber bewußteren Hinhören, zur Identifikation von Geräuschen und auch zu eigenen Klangproduktionen anregen. Man kann Geräusche raten, einen Hörspaziergang unternehmen, gehörte Geschichten weiterspinnen oder mit einfachen Mitteln selbst Geräusche nachahmen – sei es ein Dampfertuten (über einen Flaschenhals blasen), ein Flugzeug (mit dem Fön vor dem Mikrofon), ein feuerspeiender Drache (mit dem Dampfbügeleisen) oder Schritte im Schnee (mit einem Säckchen Kartoffelmehl). Weitere Hinweise gibt es im Kapitel 3 dieses Buches ab S. 155.

Beispiele für interessante Klänge und Geräusche finden sich auf der eigens für die Clubs hergestellten CD «Klangoasen», die auch bei Erwachsenen ein Renner ist. Viele Clubs hören sich als Anfangsritual einen dieser Klänge – vielleicht die Unterwassergeräusche von Seekühen, den Urwaldvogel Oropendola, Geräusche aus einem Salzhebewerk oder das Fröschequaken – gemeinsam an.

Damit die Hörclub-Kinder alle diese Kassetten und CDs in guter Qualität anhören können, erhält jeder Club eine kleine Stereoanlage mit Doppel-Kassettenlaufwerk und CD-Player, die im Clubraum installiert werden kann. Die Stereoanlagen sind vom Hersteller Panasonic als Spende zur Verfügung gestellt worden.

In einem richtigen Club dürfen die Clubausweise nicht fehlen: Jedes Kind bekommt einen scheckkartengroßen Ausweis, auf dem der Name des Hörclubs und der Name des Kindes vermerkt sind. Plakate mit dem Club-Logo und Informationsheftchen können in den Schulen für Informationen und Ankündigungen der Clubtreffen verwendet werden.

Die Schulen, die in der Pilotphase mitmachen, wurden unter Beteiligung des Arbeitskreises «Radio und Schule» des Hessischen Kultusministeriums gewonnen. Nach der Pilotphase im Jahr 1999 soll voraussichtlich ab dem Jahr 2000 das Projekt Hörclubs an Grundschulen für interessierte Grundschulen aus der Bundesrepublik angeboten werden. Anfragen können an den Verein Zuhören e.V. (Adresse s. u.) gerichtet werden.

Verein Zuhören e.V.

Die Hörclubs an Grundschulen sind eines der Projekte von «Zuhören e.V.», einer Initiative, die die Fähigkeit und Bereitschaft zum Zuhören in der Gesellschaft – nicht nur bei Kindern – fördern will. Denn die Fähigkeit, «ganz Ohr» zu sein, sich konzentriert auf das gesprochene Wort, den gestalteten Klang, einen Gesprächspartner einzulassen, ist unentbehrlich für jede kulturelle und soziale Teilhabe.

Zuhören e.V. will die Fähigkeit des Zuhörens bei Kindern wie bei Erwachsenen stärken, erhalten und neu vermitteln. Darüber hinaus soll die wissenschaftliche und künstlerische Auseinandersetzung mit dem Zuhören, auch unter den Bedingungen von Multimedia, angeregt und gefördert werden.

Zuhören e.V. wurde gegründet von Mitarbeitern des Hessischen Rundfunks, ist aber offen für die Mitarbeit von interessierten Einzelpersonen und bestehenden Hör-Initiativen und unterstützt deren Vernetzung. Der Verein ist als gemeinnützig anerkannt. Er strebt die Gründung einer «Stiftung Zuhören» unter Beteiligung namhafter Stifter und Förderer an.

Ein weiteres Projekt des Vereins – neben den Hörclubs – richtet sich an Erwachsene: «Die Lust am Reisen» ist eine Edition von Reise-Hörkassetten, die vom Verlag Hoffmann & Campe zusammen mit Merian herausgegeben werden. Die Reihe wendet sich an alle Urlauber, die sich akustisch auf ihr Reiseziel einstimmen und dabei interessante Informationen und atmosphärische Eindrücke erhalten wollen. Damit wird den Reisenden auf unangestrengte

Weise nahegebracht, daß Zuhören – gerade auch im Auto, in der Bahn oder im Flugzeug – eine kurzweilige und intensive Art ist, Informationen aufzunehmen. Der Hessische Rundfunk setzt die ihm aus dieser Kooperation zufließenden Erlöse für die Unterstützung von Zuhören e.V. ein.

Weitere vorgesehene Arbeitsbereiche von Zuhören e. V.:
- Entwicklung von Zuhör-Kursen für Kindergärten, Schulen und Erwachsenenbildung
- Publikation von herausragenden Audio-Produktionen, die ohne kommerzielle Verwertungschance sind
- Schaffung von Zuhör-Angeboten im öffentlichen Raum (z. B. in Museen, Verkehrsmitteln)
- Veranstaltungen mit Zuhör-Angeboten für unterschiedliche Zielgruppen
- Anregung und Unterstützung von Forschung zu den Bedingungen und Techniken des Zuhörens

Kontakt:
Zuhören e.V.
Renate Ehlers
Bertramstr. 8
60320 Frankfurt

Spendenkonto:
Frankfurter Sparkasse,
Kto-Nr. 2000 22 4 23, BLZ 500 502 01

Anhang

Radio für Kinder

Die folgende Übersicht nennt Sendungen in den ARD-Rund-
funkanstalten für Kinder zwischen vier und elf Jahren. Weitere
Informationen erhalten Sie unter den angegebenen Telefon-
nummern.

Die Zahlen in Klammern bezeichnen das Alter der angespro-
chenen Kinder, also «4+» heißt: vier Jahre und älter.

ARD-KINDERRADIO

	Ansprechpartner	Montag bis Freitag	Samstag	Sonntag
BR	Kai Frohner Tel.: 089/5900–2297	14.00 – 14.30 Bayern Radio Jetzt geht's los (6–11) 18.55 – 19.00 Bayern2Radio Betthupferl (4+) 19.55 – 20.00 Bayern I Betthupferl (4+)	14.00 – 14.30 Bayern2Radio Jetzt geht's los (6–11) 19.55 – 20.00 Bayern I Betthupferl (4+)	7.30 – 8.00 Bayern2Radio Sonntagswecker (7+) 14.00 – 14.30 Bayern2Radio Jetzt geht's los – Hörspiel (7+) 19.55 – 20.00 Bayern I Betthupferl (4+)
HR	Nicole Brönner Tel.: 069/155–2225	14.00 – 14.30 hr2 Domino (6+)	14.05 – 15.00 hr2 Domino Geschichten, Hörspiele (6+)	7.05 – 8.00 hr2 Children's Corner (4+) 10.05 – 11.00 hr I Max und Musik (8+)
MDR	Kultur: Wolfgang Schultze Tel.: 0345/300–5448 Sorbisches Programm: Maria Schneider Tel.: 03591/374019	6.40 – 6.43 / 7.40 – 7.43 MDR I Radio Sachsen Sorbisches Programm Kindermorgengruß (4+)	7.40 – 7.43 / 8.40 – 8.43 MDR I Radio Sachsen Sorbisches Programm Kindermorgengruß (4+) 19.05 – 19.30 MDR KULTUR Krims Krams Kraxel (5–7)	7.07 – 7.30 MDR I Radio Sachsen Krümel 8.05 – 9.00 MDR KULTUR Hör-Spiel-Kiste (7–11) 19.05 – 19.30 MDR KULTUR Krims Krams Kraxel (7–11)
NDR	Jörg Peter Ahlers Tel.: 040/4156–2977	19.05 – 19.15 NDR4 info Ohrenbär (4+)	19.05 – 19.15 NDR4 info Ohrenbär (4+)	8.05 – 9.00 / 14.05 – 15.00 NDR4 info Mikado (7+) 19.05 – 19.15 NDR4 info Ohrenbär (4+)
ORB	Nina Rauschenbach Tel.: 0331/731–4298	19.04 – 19.10 Antenne Brandenburg Zappelduster (5–7)	19.04 – 19.10 Antenne Brandenburg Zappelduster (5–7)	19.04 – 19.10 Antenne Brandenburg Zappelduster (5–7)
RB	Barbara Asbeck Tel.: 0421/246–1306		14.05 – 15.00 Radio Bremen2 Kinder&Co. – nicht nur für Kinder (9–12)	8.05 – 9.00 Radio Bremen2 8 Punkt 5 (5+) 9.03 – 11.00 Radio Bremen4 Zebra 4 (9+)

	Ansprechpartner	Montag bis Freitag	Samstag	Sonntag
SR	Barbara Renno Tel.: 0681/602 21 57−8 (Änderungen möglich!)	14.50 − 14.55 SR 3 Saarlandwelle Lautsprecher (10−14) 18.30 − 18.35 SR 2 Kultur Radio RabenEi (3−6)	14.50 − 14.55 SR 3 Saarlandwelle Lautsprecher (10−14)	9.04 − 10.00 SR 2 KulturRadio Tacheles (Fam.) 14.50 − 15.00 SR 3 Saarlandwelle Hast Du Töne (6−10)
SFB	Marianne Wagner Tel.: 030/3031− 3710/-12	19.30 − 19.40 Berlin 888 Ohrenbär (4+)	19.30 − 19.40 Berlin 888 Ohrenbär (4+)	19.30 − 19.40 Berlin 888 Ohrenbär (4+)
SWR	Hans-Peter Archner 0711/929−4290	18.45 − 18.50 SWR4 RP Abendgeschichten (4+) 18.50 − 18.55 SWR1 BW Abendgeschichten (4+)	14.05 − 15.00 SWR2 Dschungel für Kinder (8+)	8.45 − 9.00 SWR1 Pinguin (4+)
WDR	Irmgard Oehme-Tröndle Tel.: 0221/12 20−6282	14.05 − 15.00 WDR Radio 5 Lilipuz (6+) 19.30 − 19.40 WDR4 Ohrenbär (4+)	14.05 − 14.30 WDR Radio 5 Lilipuz (6+) 19.30 − 19.40 WDR4 Ohrenbär (4+)	6.05 − 7.00 WDR Radio 5 Bax Blubber! Wdhl. (4+) 6.05 − 9.00 WDR Radio 5 Lilipuz-Feiertagswecker 7.05 − 8.00 WDR 4 Bax Blubber! (4+) 8.05 − 8.55 WDR Radio 5 Lilipuz (6+) 12.05 − 13.00 WDR 3 Papageno (8−12) 19.30 − 19.40 WDR 4 Ohrenbär (4+)
Deutschlandradio	Claudia Suckel Tel.: 030/85 05−55 31	13.00 − 14.00 DeutschlandRadio Berlin Kakadu InfoTag ErzählTag MusikTag/RauskriegTag QuasselTag (6+)	13.00 − 14.00 DeutschlandRadio Berlin Kakadu SpielTag (6+)	8.08 − 9.00 DeutschlandRadio Berlin Kakadu für Frühaufsteher (6+) 13.30 − 14.00 DeutschlandRadio Berlin Kakadu HörspielTag (6+)

Verzeichnis der Musikverlage

Aktive Musik Verlagsgesellschaft mbH/igel records, Poststr. 6,
44137 Dortmund

BMG Ariola-Miller GmbH, Postfach 1280, 25451 Quickborn

Deutsche Grammophon GmbH, Deutsche Grammophon Junior,
Deutsche Grammophon für Kinder, c/o Polygram Klassik, Postfach 104909, 20034 Hamburg

Impulse Musikverlag, Postfach 1109, 48309 Drensteinfurt

Jumbo – Neue Medien und VerlagsGmbH, Bismarckstraße 99,
20253 Hamburg

Karussell – Musik und Video, c/o Polymedia, Holzdamm 57–61,
20099 Hamburg

Komplett-Media GmbH, Robert-Koch-Str. 38, 82031 Grünwald

Modus vivendi (Ohrwurm), Postweg 10, 97816 Lohr

Network Medien Cooperative, Miriamplatz 10, 60316 Frankfurt/M.

Patmos Verlag, Postfach 104064, 40031 Düsseldorf

Polygram GmbH, Postfach 104909, 20034 Hamburg

schumm sprechende bücher, Rottalstr. 76, 74535 Mainhardt

Verlag und Studio der Hörproduktionen, 35085 Ebsdorfergrund

Weitere Informationen im Internet:
- Verzeichnis KNO (Koch, Neff, Oetinger, Stuttgart)
  http://www.buchkatalog.de
- Verzeichnis des deutschen Buchhandels
  http://www.buchhandel.de
- Hörspielversand im Internet
  http://hoerspielerei.de

Literatur

Arnheim, Rudolf: Der Rundfunk als Hörkunst, München 1979

Berendt, Joachim-Ernst: Das Dritte Ohr. Vom Hören der Welt, 10. Aufl., Reinbek 1986

Kallbach, Konrad: Hören – Lesen – Hören. Kassetten für Kinder, Bad Homburg 1994

Näger, Silvia: Kreative Medienerziehung im Kindergarten, Freiburg 1999

Schill, Wolfgang/Baacke, Dieter (Hrsg.): Kinder und Radio, Gemeinschaftswerk der Evangelischen Publizistik, Frankfurt 1996

Treumann, Klaus-Peter u. a.: «Mit den Ohren sehen». Die Toncassette – ein verkanntes Medium. Gesellschaft für Medienpädagogik und Kommunikationskultur in der Bundesrepublik, Bielefeld 1995

Autorinnen und Autoren

Regine und Dr. *Jan-Uwe Rogge:* Sie arbeitet als Grundschullehrerin, er als Familienberater und Medienforscher. Beide sind in verschiedenen Gremien zum Thema «Kinder und Medien», u. a. Mitglieder der Jury für die Hörbuch-Bestenliste von HR und Börsenblatt für den Deutschen Buchhandel. Von Jan-Uwe Rogge liegen bei Rowohlt vor: «Kinder können fernsehen» (60753 – aktualisierte und erweiterte Neuauflage), «Kinder brauchen Grenzen» (19366), «Eltern setzen Grenzen» (19756), «Ängste machen Kinder stark» (60640), «Pubertät – loslassen und Halt geben».

Volker Bernius studierte in Heidelberg Theologie, Musik, Psychologie. Seit 1981 beim HR im Hörfunk-Bildungsprogramm. Themen: Musik, Religionen, Psychologie, Philosophie. Beschäftigt sich außerdem mit Hörwelten und der Förderung des Zuhörens. Gibt die Zeitschrift «Musiktherapeutische Umschau» (Zeitschrift zur Forschung und Praxis der Musiktherapie) heraus.

Renate Ehlers studierte Mathematik/Informatik, Journalismus, Betriebswissenschaft. Ab 1985 Referentin für Medienforschung beim SDR und HR, derzeit Abteilungsleiterin «Entwicklungsplanung und Medienforschung» beim HR. Initiatorin des Vereins Zuhören e. V., des Symposiums «Ganz Ohr» (Kassel 1997) und des Projekts einer «Stiftung Zuhören».

Mareile Gilles ist freie Journalistin und Mitarbeiterin des Hessischen Rundfunks. Studien in Romanistik, Kunstpädagogik und Theater-, Film- und Medienwissenschaft. Theaterwissenschaftliche Doktorarbeit zum Thema «Theater als akustischer Raum». Entwickelte das Materialpaket mit Kassetten und Spielanregungen für das Projekt «Hörclubs an Grundschulen».

Autorenregister

Ackermann, Erich 42
Aiken, Joan 86
Andersen, Vita 42, 126
Arzberger, E. 43

Barklem, Jill 53
Barrie, James Matthew 53
Bartos-Höppner, Barbara
  55
Bartram, Angelika 109
Bassewitz, Gerd von 54, 127
Baum, L. Frank 52
Baumann, F. 52
Baumann, Franz-David 55
Belli, Gioconda 97, 127
Boie, Kirsten 54
Bröger, Achim 55, 112
Brooks, Bruce 128
Brunhoff, Jean de 56

Carle, Eric 56
Carroll, Lewis 43
Cervantes, Miguel 87
Collodi, Carlo 128
Cratzius, Barbara 92

Daske, Martin 98
Deppe-Spinelli, Martina 98,
  128
Dickens, Charles 57

Donnelly, Elfie 112
Durian, Wolf 129

Ebbertz, Martin 43, 129
Edelkötter, Ludger 92, 98
Ende, Michael 57 f., 99 f.

Fährmann, Willi 101, 113
Fallada, Hans 58, 130
Ferra-Mikuwa, Vera 43,
  130
Fetscher, Iring 110
Fine, Anne 131
Frank, Anne 59
Frühbeis, Xaver 51
Funke, Cornelia 59, 131

Goy, Sebastian 44
Grabe, Dietlind 123
Graham, Kenneth 132

Härtling, Peter 60 f., 132
Hartmann, Lukas 133
Haucke, Gert 62
Heine, Helme 44, 63
Held, Kurt 63, 133
Hetmann, Frederik 87
Hoffmann, Klaus W.
  114
Hohler, Franz 114

Janosch 64, 101

Kästner, Erich 45, 65 f., 134 f.
Kipling, Rudyard 88, 136
Kleeberg, Ute 102, 136
Kohlhepp, B. 47
Koinegg, Karl-Heinz 45
Kollars, Helmut 67
Korschunow, Irina 67 f.
Kreusch-Jakob, Dorothée 93, 102
Kruse, Max 93
Krüss, James 115
Kuijer, Guus 68

Lagerlöf, Selma 68
Leaf, Munroe 103
Lembcke, Marjaleena 68, 137
Liebermann, Rolf 103
Lindgren, Astrid 46, 70 f.
Lionni, Leo 94, 104
Lobe, Mira 72
Lofting, Hugh 111
Lorenz, Karin 123
Lornsen, Boy 116
Lotz, Thomas 123, 128
Lybeck, Sebastian 73

Maar, Paul 73, 103
Maitra, Kamalesh 47
Maske, Ulrich 56
Mebs, Gudrun 74
Melville, Herman 88
Mhlophe, Gcina 48, 138
Michels, Tilde 47, 138
Mikesch, Fritz 48, 139
Milne, A. A. 139

Müller, Jörg 75, 117
Murschetz, Luis 105

Neuhaus, Klaus 114
Nilsson, Ulf 76
Nöstlinger, Christine 76, 140

Pludra, Benno 49
Poeplau, Wolfgang 98
Preußler, Otfried 50, 78

Reisner, Stefan 89
Ruge, Simon und Desi 119

Saalmann, Günter 120
Sachse, Helmut «Joe» 120
Saint-Exupéry, Antoine de 79
Sakowski, Helmut 140
Schami, Rafik 50 f., 141
Schneider, Gertrud 120
Schöne, Gerhard 80
Schwarz, Jewgenij 121
Sendak, Maurice 80
Severini, Eva 90
Singer, Isaac B. 81, 122
Stark, Ulf 81, 141
Steiner, Jörg 75, 117
Stoffel, Uwe 102
Streit, Jakob 142

Timm, Uwe 82
Tondern, Harald 87, 90
Treyz, Jürgen 47, 123

Uebe, Ingrid 83

Vahle, Fredrik 94 f., 123

Veen, Herman van 95
Verne, Jules 192f.

Wegener, Antje 85
Welsh, Renate 124

Widmann, Jörg 44
Wippersberg, Walter 143
Wölfel, Ursula 84

Zinner, Carola 51, 85

Kinder haben eine Lobby

die **Deutsche Liga für das Kind**

Partner von *rororo Mit Kindern leben*

Die Deutsche Liga für das Kind ist ein Zusammenschluß der wichtigsten Verbände, die sich für die Belange der Kinder in den ersten Lebensjahren einsetzen.

Die Liga verfaßt Stellungnahmen zu Gesetzentwürfen, organisiert Fachtagungen, initiiert Projekte, ist Herausgeber der Zeitschrift *frühe Kindheit* und bietet Eltern und Fachleuten ihre Service-Leistungen an.

Für einen guten Start ins Leben
Die Info-Pakete der Deutschen Liga für das Kind

☐ **Paket 1** (12,- DM incl. Versandkosten)
- Informationen über Mutterschutz und staatliche Leistungen für Eltern
- Entwicklungskalender erstes Lebensjahr
- Faltblatt mit Informationen zum Stillen
- Adressenliste von Einrichtungen „Rund um die Geburt und das 1. Lebensjahr"
- Informationen über die Deutsche Liga für das Kind
- Gesamtverzeichnis der Reihe *Mit Kindern leben*

☐ **Paket 2** (18,- DM incl. Versandkosten)
Inhalt wie Paket 1, zusätzlich:
- 12 Elternbriefe zum 1. Lebensjahr, hrsg. vom Arbeitskreis Neue Erziehung
- Probeexemplar der Zeitschrift *frühe Kindheit*

Sie können Ihre Bestellung telefonisch oder per Fax aufgeben oder diese Seite an folgende Adresse schicken:

DEUTSCHE LIGA FÜR DAS KIND in Familie und Gesellschaft e.V.
Chausseestr. 17, 10115 Berlin
Tel.: 030 - 28 59 99 70   e-mail: Liga-Kind@liga-kind.de
Fax: 030 - 28 59 99 71   Internet: www.liga-kind.de
Commerzbank Berlin, Konto 266 2385, BLZ 100 400 00

Kinder brauchen eine Lobby

In der Deutschen Liga für das Kind arbeiten Fachleute aus den Bereichen Gesundheit, Erziehung, Sozialwissenschaften und Recht zusammen und ermöglichen einen intensiven Kontakt zu Wissenschaft, Praxis und Politik. Dabei stehen folgende Aufgabenbereiche im Mittelpunkt:

Kinder brauchen starke Eltern

Die Elternverantwortung zu stärken, bedeutet nicht nur, öffentlich auf die unverzichtbare Rolle der Eltern hinzuweisen, sondern auch, Eltern selbst Aufklärung und Unterstützung anzubieten.

Kinder brauchen Schutz

Kinder haben ein Recht auf die Förderung ihrer natürlichen Begabungen. Das gilt nicht nur für den rechtlichen Schutz, sondern auch für familienergänzende, wenn nötig familienersetzende Angebote für Kinder.

Kinder brauchen Beteiligung

Schon von Geburt an muß die eigenständige Persönlichkeit des Kindes sowohl im rechtlichen, als auch im psychologischen Sinne Anerkennung finden. Hierzu gehört auch, die Interessen von Kindern und Familien im politischen Raum zu stärken.

Kinder brauchen materielle Gerechtigkeit

Die Entscheidung für ein Kind gehört heute zu den größten Armutsrisiken. Der Beitrag, den die Erziehung von Kindern in der gesellschaftlichen Gesamtrechnung leistet, wird in unserem Steuer- und Rentensystem in einer nicht länger hinzunehmenden Weise unterbewertet. Eine Korrektur dieses Mißstandes ist überfällig.

Kinder brauchen bessere Lebensbedingungen

Beim Wohnungsbau, der Stadt- und Regionalplanung und in allen anderen Feldern, die zur Lebensqualität von Familien beitragen, müsen Bedingungen geschaffen werden, die ein Leben mit Kindern erstrebenswert machen. Dies gilt auch für die Arbeitsplatz- und Arbeitszeitgestaltung der Eltern.